"新时代新思想标识性概念"丛书编委会

—— 新时代新思想标识性概念丛书 ——

中国社会科学院马克思主义理论创新智库

伟大社会革命

杨彬彬◎著

人民日报出版社

北京

图书在版编目（CIP）数据

伟大社会革命 / 杨彬彬著 . —北京：人民日报出版社，2023.7

ISBN 978-7-5115-7860-0

Ⅰ．①伟…　Ⅱ．①杨…　Ⅲ．①革命史—研究—中国Ⅳ．① K262.34

中国国家版本馆 CIP 数据核字（2023）第 105226 号

书　　　名：伟大社会革命
　　　　　　WEIDASHEHUIGEMING
作　　　者：杨彬彬

出　版　人：刘华新
策　划　人：欧阳辉
责任编辑：周海燕　刘君羽
封面设计：元泰书装

出版发行：人民日报出版社
社　　　址：北京金台西路 2 号
邮政编码：100733
发行热线：（010）65369509　65369527　65369846　65363528
邮购热线：（010）65369530　65363527
编辑热线：（010）65369518
网　　　址：www.peopledailypress.com
经　　　销：新华书店
印　　　刷：大厂回族自治县彩虹印刷有限公司
法律顾问：北京科宇律师事务所　（010）83622312

开　　　本：710mm×1000mm　1/16
字　　　数：190 千字
印　　　张：14.75
版　　　次：2024 年 3 月第 1 版
印　　　次：2024 年 3 月第 1 次印刷

书　　　号：978-7-5115-7860-0
定　　　价：58.00 元

前　言

　　习近平总书记在哲学社会科学工作座谈会上的重要讲话中，对我国哲学社会科学发展状况进行分析时明确指出："我国是哲学社会科学大国，研究队伍、论文数量、政府投入等在世界上都是排在前面的，但目前在学术命题、学术思想、学术观点、学术标准、学术话语上的能力和水平同我国综合国力和国际地位还不太相称。"同时强调，要着力构建中国特色哲学社会科学。构建中国特色哲学社会科学，基础在建构学科体系、学术体系、话语体系，关键在构建话语体系，核心在提炼标识性概念和范畴。只有从中国革命、建设、改革的伟大实践中提炼出标识性概念和范畴，才能形成自己的话语和话语体系；只有构建了一套系统科学的话语体系，才能建构好相应的学科体系与学术体系；只有建构好了学科体系、学术体系、话语体系，才能构建好体现中国特色、中国风格、中国气派的中国特色哲学社会科学。

　　概念与学科建构、理论发展之间密切相关，犹如细胞与生命一样的关系。标识性概念的缺乏或不成体系，科学理论难以形成，学科体系也无从建设。标识性概念既是中国特色哲学社会科学发展的基础，更是我们党的理论成熟的标志。概念在实践中的指向越具体，它所支撑起来的理论大厦就越具有彻底性，理论就越有解释力。马克思主义认识论认为，一个成熟概念的提出是理论创新从抽象到具体的必经阶段。也就是说，理论创新首先要提炼概念或概念创新。只有当不断提炼的概念得到认识与认可，它才有生命力，进而才能使理论明晰而实现逻辑化、系统化和科学化。

虽说我们在解读中国实践、构建中国理论上最有发言权，但因我们能得到国内外认同的标识性概念和范畴还有所缺失且不成体系，致使我国哲学社会科学在国际上的声音还比较小，还处于有理说不出、说了传不开的境地。要善于提炼标识性概念，打造易于为国际社会所理解和接受的新概念、新范畴、新表述，这是构建我们的话语体系乃至学科体系和学术体系的当务之急。

我们党在革命、建设、改革取得辉煌成就的伟大实践中，依循着人类社会发展规律，顺应着时代特征，充分发挥创新能力，在理论上相继创立了毛泽东思想、邓小平理论，形成了"三个代表"重要思想、科学发展观，同时提炼出许多支撑这些理论的标识性概念。进入新时代，习近平同志对关系新时代党和国家事业发展的一系列重大理论和实践问题进行了深邃思考和科学判断，就新时代坚持和发展什么样的中国特色社会主义、怎样坚持和发展中国特色社会主义，建设什么样的社会主义现代化强国、怎样建设社会主义现代化强国，建设什么样的长期执政的马克思主义政党、怎样建设长期执政的马克思主义政党等重大时代课题，提出一系列原创性的治国理政新理念新思想新战略，是习近平新时代中国特色社会主义思想的主要创立者。党的十八大以来提出了许多新的符合时代特征的标识性概念，这些概念因其科学性不仅成为习近平新时代中国特色社会主义思想这一理论大厦的坚实的奠基石，而且越来越得到国内乃至国际社会的普遍认同。比如，2016 年 5 月，习近平总书记在哲学社会科学工作座谈会上的重要讲话中指出：推进国家治理体系和治理能力现代化，发展社会主义市场经济，发展社会主义民主政治，发展社会主义协商民主，建设中国特色社会主义法治体系，发展社会主义先进文化，培育和践行社会主义核心价值观，建设社会主义和谐社会，建设生态文明，构建开放型经济新体制，实施总体国家安全观，建设人类命运共同体，推进"一带一路"建设，坚持正确义利观，加强党的执政能力建设，坚持走中国特色强军之路、实现党在新形势下的强军目标，等等，都是我们提出的具有原创性、时代性的概念和理论。

党的二十大报告指出，十八大以来，我们党勇于进行理论探索和创新，以全新的视野深化对共产党执政规律、社会主义建设规律、人类社会发展规律的认识，取得重大理论创新成果。

中国社会科学院马克思主义理论创新智库，从党的十八大以来党的创新理论中提取部分重要的核心的标识性概念进行理论和学术上的解读，形成"新时代新思想标识性概念"研究系列丛书。在选择概念和进行解读时，遵循了以下几个基本要求：一是既要体现学术性，也要体现政治性，要做到政治性与学术性有机结合。二是既要体现理论价值，也要体现实践价值。这些概念是从实践中抽象提炼升华出来的，具有重大实践价值和理论价值；同时，这些概念又对推进实践具有指导性价值。三是既要体现"中国特色"，也要吸收外来有益的经验与理论。四是既要立足中国，也要放眼世界。五是既要坚持马克思主义，也要体现中国优秀传统文化，做到二者有机结合。

　　本智库与人民日报出版社合作出版"新时代新思想标识性概念丛书"，希望本套丛书有助于广大党员干部学习和领会习近平新时代中国特色社会主义思想。

中国社会科学院马克思主义理论创新智库　编委会

目　　录

1

导　论

概念史为研究伟大社会革命提供了新视角、新可能、新空间。中国共产党领导中国人民进行伟大社会革命的进程是一段波澜壮阔的历史，开创了开天辟地、改天换地、翻天覆地、惊天动地的历史伟业，在这个过程中社会革命以理论、实践、制度、话语等形式呈现了丰富鲜活的历史图景。历史是最好的教科书，是认知的共同基础，是宝贵的精神资源。描述历史、诠释历史、分析历史、总结历史是实现历史观塑造的前提，历史的客观全面展现离不开一定的研究范式，概念史为党史、新中国史、改革开放史、社会主义发展史以及中华民族发展史等研究创新了维度、提供了范式、开拓了境界。历史观是一种事实判断和价值判断的结合体，通过对历史基本概念的溯源、考察、辨析与解读，有助于实现史实、史观与史鉴的有机融合，在对历史怀有温情与敬意的同时认知历史、感悟历史、发现历史。

一、概念史创新了伟大社会革命研究的新维度

以概念为线索回归历史场景。概念诞生于历史之中，历史

积淀于概念之内，由历史积淀而成的概念阐述了历史也反塑了历史，事实经验、逻辑思辨与理性期待在概念演进史中交织作用，勾勒出复杂多变的历史场景。历史与概念在互动中诠释了事实、认知与话语之间的关系，通过概念谱系可以透视历史谱系，历史与概念之间的深度嵌入关系决定了概念史研究的必然性与重要性。中国共产党领导中国人民进行伟大社会革命的历史，是我们理解历史和人民选择了马克思主义、选择了中国共产党、选择了社会主义道路、选择了改革开放的宝贵资源，也是坚定"四个自信"以及由此融聚而成的政党自信、民族自信、国家自信和文明自信的重要前提。以概念为切口与线索的概念史研究，有利于在经验空间中回到历史、在现实维度中转化经验、在期待视阈中揭示规律。

以概念为媒介展现历史细节。历史的概念化与概念的历史化是社会演进的客观特征，概念作为历史的窗口、经验的入口和思想的出口是历史的现实，要从客观事实与主观逻辑的契合中，坚持主观和客观辩证法的统一性。知其所来才能明其所趋，知其得失才能明其取舍。历史记忆熔铸于民族基因之中，还原历史才能客观认知历史。历史有三种不同的存在状态，即时空维度上的历史、思想认知层面的历史与话语表达层面的历史，中国共产党领导人民进行伟大社会革命的历史进程同样呈现出多样化的历史形态。黑格尔则将历史区分为原初的历史、反思的历史与哲学的历史，认为概念史属于哲学的历史，其后概念史在哲学、历史学、社会学、政治学等领域多样化发展，历史学维度的概念史为在事实、经验、话语的融合中描述细节提供了有效工具。概念史有助于系统描述与客观阐释中国伟大社会革命史的客观细节，展现真实的政党革命史、国家发展史、民族奋斗史和社会演进史。

以概念为方法描绘历史全景。概念是历史线索，也是历史本身，概念史研究有助于以小见大、全景呈现近代以来中国社会革命的历史图景。党史是中国共产党自成立以来领导中国人民探索、坚持与巩固中国道路的历史；新中国史是人民当家作主的政权建构起来后调动一切积极因素建设社会主义现代化国家的历史；改革开放史是立足世情社情国情党情在自我革命中开创中国特色社会主义的历史；社会主义发展史是社会主义作为一种理论、制度、运动，从空想到科学、从理论到实践、从一国到多国的历史。中国共产党领导中国人民进行伟大社会革命的历史是当代中国发展的宝贵精神文明财富，概念史研究有助于理解复线多维发展的历史，避免碎片化、片面化甚至歪曲化解读历史，从长时段、全方位、多维度审视历史何以如此，全景展现党的自我革命与伟大社会革命之间的互动历程、逻辑与规律。

二、概念史提供了伟大社会革命研究的新范式

通过基本概念揭示逻辑演进。研究伟大社会革命史的关键问题是把握伟大社会革命史的主题和主线、主流和本质，这样才能辩证认知历史全貌而不陷入历史迷雾之中。概念史在中国转型与应用中，为中共党史党建、马克思主义理论、政治学等学科提供了新的学术增长点和创新点，有助于把握历史研究的关键问题和核心议题。"鞍型期"或"过渡期"的理论假设、"四化"等概念选定要求和标准设定，为明确本土历史基本概念提供了时空范畴和概念限定原则。通过考察基本概念的历史起点、逻辑起点、时代拐点，政治确认与法治确认过程，以及概念定型化、成熟化的形式，实现概念史、话语史、理论史、制度史研究的融合统一，深入揭示伟大社会革命史演进与发展的内在逻辑、条件与动力。

通过核心命题勾勒历史进程。历史概念的内涵往往具有阶段性、多重性和易变性的特点，唯有回到历史语境和概念网络之中，才能更好理解特定概念的能指与所指。概念史是马克思主义理论、历史学、政治学等学科研究的可行方法，建构"中国学派"应当将普遍性研究方法与本土历史研究实际相结合。为此，概念史研究应当自觉秉承实事求是的原则，基于不同的学科和领域实现规范化，但不应当进行移植式的模式化操作。

历史语义学层面的概念研究与话语分析密切相关，概念史不是孤立式单向度分析某个概念的研究方法，在复杂多样、风云变幻的历史发展潮流中，对基本概念的分析也必然涉及相关的命题，比如"马克思主义中国化时代化""国家治理现代化""以伟大自我革命引领伟大社会革命"等。在理解这些关乎旗帜、方向、道路、命运的重大命题的基础上，才能自觉增进历史认同与凝聚社会共识。

通过重要论断剖析观念演变。概念、命题与论断都是历史的载体，历史、文明与制度通过积淀成为概念话语等形式诠释了历史现实。文献是观念的载体，但存在共识性文献与个性化文献或差异性文献两种类型，前者以政治共识、社会共识的形式将具体背景下的历史认知加以确定，后者则表达了不同主体的差异化认识。伟大社会革命演进历程中也存在两种类型文献的交融与张力，不同文献中对于同一事件、人物、经验等的认识异同，一方面反映了历史性共识的适用范围与巩固程度，另一方面反映了历史复杂性中的整体形态与个体差异。在这些文献中包含一些重要论断，比如"改革开放是中国的第二次革命""最大的政治""制度的最大优势"等，这些论断往往起着解放思想与统一思想的双重作用，也是把握历史的重要方面。

三、概念史开拓伟大社会革命研究的新境界

回到历史，挖掘历史事实。史实是史观与史鉴的基础。历史是时间轴上已然消失的事实，回到历史才能把握历史。概念蕴含特定时空条件下人们的现实认知和价值判断，概念史是把握历史来龙去脉的重要切口。对历史、文明与制度的再现与解读能力，是掌握意识形态领导权、管理权、话语权的重要基础，也是体现国家发展自主性、自觉性的必然要求。借助概念史回到历史，可以客观深入把握中国伟大社会革命历史的原初面貌，有助于掌握历史解释权、文明阐释权、制度诠释权，有助于从立德树人角度培养时代新人的历史文化素养、历史思维能力，有助于反对和抵制历史虚无主义和民族虚无主义的错误论调，也有助于增强国家软实力和国际话语权。

走近历史，总结历史经验。历史是最好的清醒剂。古代史、近代史与现代化构成了中华民族的历史画卷，而党史、新中国史、改革开放史、社会主义发展史以及中华民族发展史则构成了中国共产党的奋斗图景。纵观民族史尤其是近代以来的历史，政党自觉、阶级自觉与民族自觉的深层互动形成深刻的历史启示。通过概念史走近历史，既要把握局部真实和细节真实，又要把握整体样态、历史主流和时代趋势。尤其是在纷繁复杂的历史表象之下，中国探索新民主主义革命道路、社会主义革命

道路、社会主义建设道路和中国特色社会主义道路中所积累传承的宝贵经验与优良传统，为新时代的伟大斗争、伟大工程、伟大事业、伟大梦想提供精神动力。

走进历史，揭示历史规律。历史是当代的启示录。观今宜鉴古，无古不成今。走进历史才能走出历史并走向未来，运用概念史走进历史，不仅要揭示一般性层面的共产党执政规律、社会主义建设规律、人类社会发展规律，而且要揭示具体性、特殊性层面的规律，包括中国共产党长期执政与全面领导的规律，中国形态的社会主义接续发展、自主改革、有效治理的规律，21世纪人类社会的发展规律等。尤其是伟大社会革命史深刻反映了中国道路、理论、制度、文化的自主可塑性，要将中国独立自主探索革命、改造、建设、改革与治理的经验理论化。

概念史，究其本质来讲是一种新型研究范式，表现为一种基础性、线索性、引导性研究，在拓展伟大社会革命研究维度的同时，也为伟大社会革命提供了新的研究空间，尤其是有助于在历史凝练中构建中国特色概念体系、话语体系与理论体系，催生概念史研究的中国样态和路径。立足新时代新征程，肩负新的使命，我们要充分发挥概念史在伟大社会革命研究中的独特价值，在概念史研究中探索"中国方案"、构建"中国理论"、形成"中国图景"。

第一章
伟大社会革命的概念谱系与话语表达

概念诞生于历史之中，历史积淀于概念之内，在历史中演化而成的概念阐述了历史也反塑了历史，事实经验、逻辑思辨与理性期待在概念演进史中交织作用，勾勒出复杂多变的历史场景。历史与概念在互动中诠释了事实、认知与话语之间的关系，通过概念谱系可以透视历史谱系，历史与概念之间的深度嵌入关系决定了概念史研究的必然性与重要性。伟大社会革命是描述和阐释中国历史性变革的标识性概念。这一概念的形成和演进经历了一个漫长的历史过程，是党在总结中国伟大社会革命历史经验的基础上，深刻把握世情、国情、党情提出的一个重要概念。围绕这一核心概念，党的话语体系中逐渐产生了一系列的关联概念、重要命题、政治论断等，并以此为载体建构起了党史、新中国史、改革开放史、社会主义发展史以及中华民族发展史的阐释体系。

一、伟大社会革命概念的基本内涵

概念界定是理论分析和逻辑考察的重要条件，揭示伟大社会革命理念的丰富意蕴，就要对这一概念的基本内涵进行分析。伟大社会革命作为一个特定的政治概念有丰富的内涵，是新时代党的话语体系中的重要原创性话语，对我们认识近代以来中国的历史性变革、了解党领导人民创造的历史性成就、揭示"中国奇迹"和"中国之治"的历史逻辑，都具有重要的现实意义和时代价值。

（一）伟大社会革命概念提出的时代背景

伟大社会革命概念的正式提出有着特定的时空条件和现实背景，蕴含着深刻的必然性，体现了鲜明的价值性。伟大社会革命概念是在国内外、党内外环境发生深刻变化背景下提出的，既是对党领导革命、建设、改革实践经验和历史成就的高度概括，也是回应现实需要、适应时代要求、增进社会共识而进行的话语创新。

从全球政治经济局势层面来看，当今世界正经历百年未有之大变局。从整体来看，世界正处于大发展大变革大调整时期，人类重新站在发展和变革的十字路口，需要对"世界怎么了、我们怎么办"的世界之问作出回答。特别是近年来，我国发展的战略机遇和风险挑战并存，世界发展的不确定性、不稳定性因素陡然增加，"黑天鹅""灰犀牛"事件时有发生，反全球化势头显露端倪，民粹主义思潮逐步蔓延，贸易保护主义和单边主义抬头，尤其是一些国家出现的"民主衰退""政党衰败""制度失效""治理失序""国家失败"以及"政治极化"等现象。随着国际局势的演变和国际力量对比的变化，和平与发展的时代主题在一定程度和一定范围内受到挑战与冲击。与此同时，随着全面深化改革开放的日益推进，中国综合国力的发展壮大与世界格局的深刻演变之间的内在关联日益密切，中国作为世界和平的建设者、全球发展的贡献者、国际秩序的维护者，在全球治理体系变革、人类共同难题解决中的作用逐渐凸显；中国作为世界上最大的发展中国家和社会主义国家，日益展现出大党担当和大国责任。中国的发展离不开世界，世界的发展更加需要中国，中国的伟大社会革命越来越具有世界意义。

从世界社会主义运动层面来看，世界社会主义运动在21世纪重新焕发生机活力。500多年的社会主义发展史见证了人类社会的曲折发展历程和卓越历史成就，从空想到科学、从理论到实践、从一国到多国、从低谷到复兴，世界社会主义运动在曲折中发展、在演进中升华，以历史和实践的方式展现了人类社会发展的必然趋势，以事实和成就证明了马克思主义的科学性和无产阶级政党的先进性。中国特色社会主义的接续发展，有力消解了"文明冲突论""历史终结论"，展现了中国特色社会主义的生机活力和中华文明的时代价值；

有力批判了"社会主义失败论""共产主义灭亡论",验证了马克思主义的科学性和社会主义的必然性;有力回击了"中国威胁论""中国傲慢论"等论调,宣示了中国的世界观,展现了中国的大国担当。更为重要的是,这一系列的历史性成就和历史性变革,进一步坚定了人民群众的马克思主义信仰、共产主义信念和对中国特色社会主义的信心,在增强中国特色社会主义道路自信、理论自信、制度自信、文化自信的基础上,全面增强了政党自信、民族自信、国家自信以及文明自信。世界社会主义运动的重新勃兴,已经成为21世纪世界发展进程中不可阻挡的重要趋势和时代现象。中国特色社会主义在伟大社会革命中蓬勃发展,既展现了鲜明的中国价值,也彰显了广泛的世界意义。

从国家发展整体态势层面来看,中国特色社会主义在积累性发展中取得了显著成就,创造了经济快速发展和社会长期稳定的"中国奇迹",形成了党长期执政、国家长治久安、人民安居乐业的"中国之治",日益展现出"中国智慧""中国方案"的独特性和价值性。党的十八大标志着中国特色社会主义进入新时代,这是我国发展新的历史方位;中华民族伟大复兴进入不可逆转的历史进程,这是中华民族发展史上的重要阶段;中国式现代化创造出全新的人类文明形态,这是中华文明史上的新发展阶段。从打赢脱贫攻坚战到全面建成小康社会,从实现第一个百年奋斗目标到开启全面建设社会主义现代化强国的新征程，我国发生了翻天覆地的变化。从将完善和发展中国特色社会主义制度、推进国家治理体系和治理能力现代化作为新时代全面深化改革的总目标，到深化党和国家机构改革、推进中国特色社会主义制度更加成熟定型，我国实现了历史性变革。中国共产党在接续推进伟大社会革命的过程中，不断提高人民群众的获得感、幸福感、安全感，有效增强了中国特色社会主义道路自信、理论自信、制度自信和文化自信。

从党的自身建设层面来看，中国共产党已然成为世界第一大执政党。作为一个百年大党，中国共产党已经是一个拥有9800多万名党员并在全国执政超过70年的马克思主义政党。纵观百余年的中国共产党史、世界社会主义运动史和世界政党政治发展史，目前而言，执政时间超过70年且成立时间超过100年的政党，只有中国共产党。由此可以发现，无论是从党员规模来讲，还是从执政成就来讲，抑或是从世界影响来讲，中国共产党已然成为世界第一大执政党。党的十八大以来，我们党坚持党要管党、全面从严治党，发扬自我革命精神，以党的政治建设为统领，全面推进党的政治建设、思想建设、组织建设、作风建设、纪律建设，把制度建设贯穿其中，深入推进反腐败斗争，建立健全包括全面从严治党制度在内的党的领导制度体系，提高党科学执政、民主执政、依法执政水平，系统增强党的领导水平和执政能力。

基于这种时代背景，中国共产党人在把握历史主动、增强历史自信、总结历史经验、揭示历史规律的基础上，正式提出了"伟大社会革命"的概念，并形成了包括"两个伟大革命"在内的一系列的命题、论断等话语表达，丰富了党的话语表达体系。这为阐释中国共产党成立以来的历史提供了重要视角，为阐释新中国成立前后和改革开放前后历史发展的接续性提供了分析工具，为呈现中国的历史性成就和变革提供了富有中国特色的政治概念。

（二）伟大社会革命概念生成的现实过程

概念是思想表达的出口，话语是理解时代的入口。中国特色社会主义新时代，党在治国理政过程中形成了富有时代特色的革命话语，集中展现了党的本质特征、国家治理逻辑和社会发展路径的内在逻辑与鲜明特点。政党革命话语体系、国家治理话语体系、社会革命话语体系，这些概念话语与治理话语、现代化话语、民族复兴话语深度融合，成为新时代中国特色社会主义政治话语体系的重要组成部分。其中，伟大社会革命概念的正式提出，对于我们在新时代进行伟大斗争、建设伟大工程、推进伟大事业、实现伟大梦想，都具有重要时代意义和现实价值。伟大社会革命概念的生成，在一定程度上展现了党领导的事业的阶段性与接续性相统一的特点，诠释了党的自身性质特点、初心使命、宗旨原则与其领导的革命事业之间的深刻内在关系。实现伟大社会革命是进行伟大斗争的重要目标，是建设伟大工程的重要指向，是推进伟大事业的重要路径，是实现伟大梦想的重要基础。

中国特色社会主义进入新时代特别是党的十九大之后，习近平总书记从历史和现实、理论和实践的结合点上正式提出了"伟大社会革命"概念，党的二十大再次强调"以党的自我革命引领社会革命"①。2018 年 1 月 5 日，习近平总书记在新进中央委员会的委员、候补委员和省部级主要领导干部学习贯彻习近平新时代中国特色社会主义思想和党的十九大精神研讨班开班式上提出了这一概念，强调"新时代中国特色社会主义是我们党领导人民进行伟大社会革命的成果，也是我们党领导人民进行伟大社会革命的继续"②，"历史和现实都告诉我们，一场社会革命要取得最终胜利，往往需要一个漫长的历史过程。只有回看走过的路、比较别人的路、远眺前行的路，弄清楚我

①习近平：《高举中国特色社会主义伟大旗帜　为全面建设社会主义现代化国家而团结奋斗——在中国共产党第二十次全国代表大会上的报告》，《人民日报》2022 年 10 月 26 日第 1 版。
②《习近平谈治国理政》（第三卷），外文出版社 2020 年版，第 69—70 页。

们从哪儿来、往哪儿去，很多问题才能看得深、把得准"①。此后，这一概念成为党和国家的重要政治话语表达。

伟大社会革命概念在广泛传播和普遍使用的过程中，形成了诸多与之相关的命题、论断等话语表达。2018年12月18日，习近平总书记在庆祝改革开放40周年大会上提出"改革开放和社会主义现代化建设伟大社会革命"②，充分肯定了改革开放这一社会革命形式对中国的巨大改变。2018年3月20日，习近平总书记在第十三届全国人民代表大会第一次会议上指出，"中国共产党要担负起领导人民进行伟大社会革命的历史责任"③，进一步将社会革命的任务与党的历史使命、时代责任紧密结合起来。2019年4月30日，我们迎来了作为新民主主义革命历史起点的五四运动100周年的历史节点，习近平总书记在纪念五四运动100周年大会上的讲话中，将五四运动定位为"一场中国人民为拯救民族危亡、捍卫民族尊严、凝聚民族力量而掀起的伟大社会革命运动"④，突出其反帝反封建的革命彻底性。与此同时，《在纪念周恩来同志诞辰120周年座

---

① 《习近平谈治国理政》（第三卷），外文出版社2020年版，第70页。
② 习近平：《在庆祝改革开放40周年大会上的讲话》，《人民日报》2018年12月19日第2版。
③ 习近平：《在第十三届全国人民代表大会第一次会议上的讲话》，《人民日报》2018年3月21日第2版。
④ 习近平：《在纪念五四运动100周年大会上的讲话》，《人民日报》2019年5月1日第2版。

谈会上的讲话》《在全国组织工作会议上的讲话》等也多次提到"伟大社会革命"的概念，既推动了这一概念的广泛传播，也发挥了一定的共识凝聚和思想引领作用。

（三）伟大社会革命概念内在的丰富意蕴

社会革命是一个内涵极为丰富的概念，从理论和实践层面深刻影响着人类社会发展的进程。社会革命的内涵在不同认识维度和理解层面构成了同心圆关系，广义层面的社会革命是指所有社会关系尤其是上层建筑发生根本性变革的运动，中义层面的社会革命是指无产阶级革命，狭义层面的社会革命是指社会主义革命以及改革等。社会革命在不同语境下有不同的内涵，并且形成了多样化的表达方式。人类社会形态的演进体现着一般性与特殊性的统一，并不是僵化地按照社会形态演进的序列或图谱演进的，而是在特殊演进形态之中蕴含着人类社会发展的一般规律，因此，不同革命背景下或革命阶段的社会革命内涵也有所不同。特别是无产阶级革命并不是首先在发达资本主义国家取得成功的，而是在经济文化相对落后的国家首先取得胜利的。对于中国而言，在半殖民地半封建社会性质基础上进行社会主义革命，就要首先完成民主革命，但这种革命实际上已经属于无产阶级革命的范畴。因此，中国共产党所领导的伟大社会革命具有丰富且独特的内涵与意义。概言之，无论是一般意义上的社会革命，还是特定语境下的社会革命，都反映了社会关系的一种根本性变革，在生产力、生产关系和上层建筑层面都有所体现。

社会革命是人类社会发展的客观现象和必然趋势。马克思主义认为，生产力是人类社会发展的最终决定力量，社会革命是人类社会基本矛盾运动的必然结果，这种革命运动以生产力和生产关系的矛盾运动为基础和动力，随着生产力的解放和发展而不断深入推进，就要求对不符合生产力发展要求的生产关系（经济基础）以及政治上层建筑、观念上层建筑进行变革，从而进一步释放生产力的发展空间，这是人类社会发展的内在规律和必然趋势。从这个角度来讲，社会革命不仅是一种破除旧的政治上层建筑的社会运动，还是一种新的旨在塑造理想社会形态的建设运动。

社会主义社会必然要通过革命的形式才能建立起来，并通过社会革命的形式不断加以发展和完善。正如马克思、恩格斯所指出的，"社会主义不通过革命是不可能实现的"，这是因为社会主义社会要建立没有剥削和压迫的社会，要同传统的所有制关系实行最彻底的决裂，要同传统的观念实行最彻底的决裂，完成这一任务必然要以新型革命形式夺取国家政权，"社会主义需要这种政治行动，因为它需要破坏和废除旧的东西。但是，只要它的有组织的活动在哪里开始，它的自我目的，即它的灵魂在哪里显露出来，它，社会主义，也就在哪里抛弃政治的外壳"①。从大历史观和全球史观的视角来看，无产阶级政党领导的社会革命，实质上包含无产阶级领导权、国家政权的归属、新型国家制度建构等问题，为此，就要解决好党与国家、党与社会、党与人民以及党与世界之间的关系问题。

二、伟大社会革命的相关概念辨析

深入理解伟大社会革命的内涵，应当坚持历史唯物主义，深入考察中国共产党人对社会革命及其相关概念的理解。中国共产党人在接受、传播和发展马克思主义科学社会革命理论的过程中，提出了一系列具有中国特色和时代特质的概念，对这些概念进行历史考察和对比分析具有重要意义。从一般意义上来讲，社会革命不同于技术革命、经济革命、政治革命、哲学革命、观念革命等，但社会革命的实现又与这些革命形

---

① 《马克思恩格斯全集》（第三卷），人民出版社 2002 年版，第 395 页。

式紧密关联，并在一定情况下构成社会革命的基础与条件。社会革命并不是主观臆想的结果，而是在物质文化条件具备的条件下从量变到质变的长期过程，表现为社会的结构性变化和制度的根本性变革，是在主客观因素具备并逐渐成熟的前提下实现的。

（一）社会革命与政治革命

革命是描述重大变革的概念，一般而言，人们将人类改造自然界和人类社会以及人类思维的重大变革称为革命。比如，改造自然的技术革命、产业革命等，改造社会的社会革命，人类思维发生深刻变革的思维革命、范式革命等。革命概念的使用是极为普遍的，而社会革命有着相对固定的内涵和指向。在一定语境下，社会革命包含政治革命、经济革命等革命形式的内涵，强调社会在上层建筑特别是国家政权层面、所有制层面实现的根本性变革。社会革命与政治解放、政治革命之间存在交叉关系，"每一次革命都破坏旧社会，就这一点来说，它是社会的。每一次革命都推翻旧政权，就这一点来说，它是政治的"[①]。但社会革命又不完全等同于政

---

① 《马克思恩格斯全集》（第三卷），人民出版社 2002 年版，第 395 页。

治革命，广义的社会革命包括政治革命的内涵，狭义的社会革命是与政治、经济、文化等方面的革命相对应的概念。"社会革命才是真正的革命，政治的和哲学的革命必定通向社会革命"①，政治革命是社会革命的必然要求和重要途径，但政治革命并不是社会革命的全部。

中国共产党人坚持运用历史唯物主义和辩证唯物主义的观点认识社会革命。中国共产党的主要创始人陈独秀曾对社会革命做过较为明确的阐释和界定，他在1922年7月1日发表于《新青年》第九卷第六号上的《马克思学说》一文中指出，"一种生产力所造出的社会制度，当初虽然助长生产力发展，后来生产力发展到这社会制度（即法律、经济等制度）不能够容他更发展的程度，那时助长生产力的社会制度反变为生产力之障碍物，这障碍物内部所包含的生产力仍是发展不已，两下冲突起来，结果，旧社会制度崩坏，新的继起，这就是社会革命"②。由此，我们可以进一步分析社会革命与社会主义革命之间的关系，一般来讲，社会主义革命是社会革命的重要形式。中国共产党领导的社会革命，不仅包括新民主主义革命、社会主义革命和建设，还包括改革开放和社会主义现代化建设以及新时代

---

① 《马克思恩格斯全集》（第三卷），人民出版社2002年版，第526页。
② 《建党以来重要文献选编（一九二一——一九四九）》（第一册），中央文献出版社2011年版，第104–105页。

的伟大社会革命，以中国式现代化推进中华民族伟大复兴。

（二）社会革命与阶级革命

社会革命与奴隶主阶级革命、地主阶级革命、资产阶级革命、无产阶级革命或共产主义革命有着内在的关联。"在阶级社会里，社会革命是阶级斗争的必然趋势和集中表现"[①]，从这个角度来讲，原始社会解体以来的阶级革命都属于一般意义层面的社会革命。纵观原始社会瓦解之后的阶级社会历史，不难发现，人类社会历史中曾出现奴隶反对奴隶主的奴隶阶级革命、农民反对地主的农民阶级革命、资产阶级反对地主阶级的资产阶级革命以及无产阶级反对资产阶级的无产阶级革命，这些革命形式都是阶级革命在改变既有生产关系和上层建筑的基础上实现了社会革命，其中无产阶级革命是最为深刻和彻底的革命。无产阶级革命与以往的阶级革命的本质区别在于，这种革命不再是一个剥削阶级取代另一个剥削阶级的革命，而是从根本上消除阶级和阶级差别的社会革命。

中国共产党人充分认识到社会革命与阶级革命之间的内在联系。李大钊同志从概念的一般意义和现实的革命运动的视角，

[①] 王邦佐等编写：《政治学辞典》，上海辞书出版社 2019 年版，第 89 页。

分析了社会党人的第二国际和共产党人的第三国际（即共产国际）的区别，认为"社会党人的国际的结合是第二国际，是黄色的国际；共产党人的国际的结合是第三国际，是赤色的国际。这是现代社会革命运动的两大潮流"①，前者是半有产阶级的运动，是"创造的进化"；而后者是无产阶级的运动，是"创造的革命"。由此可见，社会革命是一个内涵与外延十分丰富的概念。毛泽东同志在《矛盾论》中进一步指出，基于马克思、恩格斯的矛盾观，生产力与生产关系、被剥削阶级与剥削阶级、经济基础与上层建筑之间的矛盾，"不可避免地会在各种不同的阶级社会中，引出各种不同的社会革命"②。中国共产党领导的社会革命是无产阶级革命，深刻改变了近代以来中国人民和中华民族的面貌。

社会革命是一个长期的战略任务，也是无产阶级政党的重要历史使命，并不完全等同于阶级革命或阶级斗争，社会革命是一个长期性的战略工程，通过阶级斗争尤其是暴力革命的形式夺取政权，建立新型的人民政权，只是无产阶级革命的第一步。随着社会主要矛盾的改变或转变，要基于具体的历史条件推进社会革命，尤其是要正确处理好两类不同性

---

① 《建党以来重要文献选编（一九二一——一九四九）》（第一册），中央文献出版社 2011 年版，第 114 页。
② 《毛泽东选集》（第一卷），人民出版社 1991 年版，第 318 页。

质的矛盾，不能将敌我矛盾与人民内部矛盾混淆，更不能将解决敌我矛盾的暴力斗争形式应用于建设和发展时期解决人民内部矛盾。而要基于社会主义社会发展的具体历史阶段，基于社会主要矛盾的表现形式，基于党和国家的中心任务，秉承革命精神，以科学合理的革命方式推动伟大社会革命的接续发展。

（三）社会革命与人类解放

中国共产党人在很多语境下用"科学社会革命论"来指称马克思列宁主义，突出了社会革命在马克思主义理论中的重要地位。马克思主义博大精深，归根到底就是一句话，为人类求解放。马克思主义深刻揭示了人类社会发展的基本规律，从根本上突破了所有为剥削阶级统治服务的理论，第一次站在人民的立场探求人类自由解放的道路，以科学的理论为最终建立一个没有压迫、没有剥削、人人平等、人人自由的理想社会指明了方向。马克思主义指导无产阶级开展的社会革命是彻底的革命，其本质是人的解放。随着机器大工业时代的迅速发展，整个社会日益分裂为两大直接对立的阶级，阶级矛盾不断激化到了不可调和的程度。在这种社会背景下，"历史的领导权已经转到无产阶级手中，而无产阶级由于自己的整个社会地位，只有完全消灭一切阶级统治、一切奴役和一切剥削，才能解放自己"①，无产阶级革命对一切剥削与压迫的反抗和对理想社会制度的建构，本身意味着整个人类将从阶级统治中摆脱出来，使得人的本质复归人本身，破除异化状态，实现人自由而全面的发展。

社会革命与世界革命、全人类的解放是紧密联系在一起的，社会革命是实现全人类解放的途径，建立每个人自由全面发展的"自由人的联合体"则是人类解放的理想形态，也是社会革命的最终目标。正如马克思起草的《国际工人协会共同章程》指出，社会革命的最高目标是"消灭阶级"②。马克思在《〈黑格尔法哲学批判〉导言》中指出："彻底的革命、全人类的解放，不是乌托邦式的梦想，确切地说，部分的纯政治的革命，毫不触犯大厦支柱的革命，才是乌托邦式的梦想。部分的纯政治的革命的基础是什么呢？就是市民社会的一部分解放自己，取得普遍统治，就是一定的阶级从自己的特殊地位出发，从事社会的普遍解放。"③单纯政治意义上的革命并不能等同于社会革命，也不能最终实现全人类的普遍解放。马克思、恩格斯对资产阶级革命进行了鞭辟入里的剖析和阐

---

① 《马克思恩格斯选集》（第三卷），人民出版社 2012 年版，第 724 页。
② 《马克思恩格斯选集》（第三卷），人民出版社 2012 年版，第 173—174 页。
③ 《马克思恩格斯全集》（第三卷），人民出版社 2002 年版，第 210 页。

释，认为资产阶级民主革命只是资产阶级从自身阶级利益出发的政治革命，只是实现了名义上的民主、自由与平等，反而将生产资料私有制视为固有的社会属性，因此实现的是一部分人的解放而不是全体人民的解放。无产阶级革命并不是从剥削阶级利益出发，而是从全人类的根本利益、整体利益出发，不是为了维护剥削阶级的利益，而是要消灭一切剥削阶级的统治，因而是真正意义上的社会革命。

三、伟大社会革命的多样表达形态

中国语境中的革命话语有着丰富的意涵，展现出历时性、阶段性、现实性的特点。当代中国的伟大社会变革，全景式体现了中国道路、理论、制度、文化的内生性逻辑。无产阶级上升为统治阶级只是无产阶级革命的第一步，实现最终目标和最高理想还需要进行伟大社会革命，才能建构起自由人联合体的理想社会。伟大社会革命话语的建构，既展现了中国近现代历史的根本性变革，也指明了未来中国的变革取向。特别是进入新时代，党围绕"伟大社会革命"形成了一系列的重要概念、论断和命题等话语表达，创新性发展了中国共产党人的社会革命观。

（一）关于伟大社会革命的重要概念

实践逻辑是概念演变的根本逻辑。实践与认识、语词之间构成了历史互动的图景，究其根本，社会实践的发展催生了新的思想认识，并以古语新解、概念创新、语词转换等形式进行阐释。概言之，社会实践、理论认识、概念话语之间构成了相对独立却密切关联的逻辑链条。而实践逻辑之所以在其中起着根本动力作用，是由实践与认识之间的辩证关系所决定的。生产力的发展是社会矛盾运动的根本动力，随着生产力解放和发展程度的提升，社会主要矛盾的表现形式也在逐渐发生变化。矛盾，尤其是社会主要矛盾的转变、转化决定了党和国家工作重心的变化与调整。伟大社会革命话语的嬗变从实践维度反映了人民需求与社会供给之间的辩证关系。

中国共产党在领导社会革命的过程中，在不同历史阶段形成了不同的概念表达，同一历史阶段也形成了诸多表达形态。之所以能够形成多样化的概念表达，从根本上来说，是因为党领导伟大社会革命经历了不同的发展阶段，在不同阶段要立足社会主要矛盾的变化确立相应的中心任务。中国共产党成立以来，党围绕民主革命、社会改造、社会建设、改革开放等形成了一系列的概念表述。新民主主义革命时期，党提出"新民主主义革命"这一创新概念，用以概括由中国无产阶级领导的民主主义革命，以区别于资产阶级领导的旧民主主义革命。社会主义革命和建设时期，党将社会主义三大改造用"社会主义革命"概念来界定，充分体现其在所有制层面实现的根本性变革。改革开放和社会主义现代化建设新时期，党从改革的巨大意义出发赋予其革命的意涵，将其视为"第二次革命"。中国特色社会主义新时代，党立足历史经验、现实任务、时代责任，提出接续推进"伟大社会革命"的任务。党不仅从整体层面提出了阶段性的革命概念，而且在具体领域也形成了一些概念表达。比如，用"社会革命"概念来界定"新文化"，毛泽东同志在《新民主主义论》中指出，新文化"就是中国共产党人所领导的共产主义的文化思想，即共产主义的宇宙观和社会革命论"①，这里的新文化也就是新民主主义文化，其实质上是以马克思主义为指导的思想文化体系。又比如，新中国成立后为推动科技发展，提出"向科技进军"的口号，形成了"科技革命"等概念。

　　整体来看，"社会革命"作为一种概念，是所有相关概念的集合，既体现出历时性、阶段性、创新性的特点，也体

---

① 《毛泽东选集》（第二卷），人民出版社1991年版，第697页。

现出继承性、一贯性、原则性的特点。社会革命相关概念，在理论与实践的辩证关系中有三种存在形态：一是理论阐释层面的社会革命，具有目标性，也就是马克思主义的科学社会革命理论，阐述了无产阶级领导社会革命的必然趋势、基本要求、现实图景、主体力量、中心任务等；二是实践发展层面的社会革命，具有现实性，也就是马克思主义社会革命理论与不同民族和国家革命、建设、改革具体实际相结合的产物，以具体的革命道路、革命形式、革命方法等展现社会革命的内在规律；三是话语表达层面的社会革命，具有载体性，也就是对社会革命的理论形态和实践形态进行阐释的基本工具。与此相对应，从社会革命的应然与实然的张力关系出发，就形成了三种话语表达形式，即应然性社会革命话语，用以描述社会革命的基本要求、战略目标等；实然性社会革命话语，用以描述现实社会形态与理想社会形态之间的张力关系以及当前经济社会发展、制度体制改革等方面存在的突出问题；逻辑性社会革命话语，用以描述伟大社会革命形成和演进的内在逻辑、诠释伟大社会革命现实推进的基本要求和时代根源。概言之，三种概念表达分别用以描述社会革命的理想状态、现实状态和逻辑状态，成为伟大社会革命话语表达系统的核心组成部分。

（二）关于伟大社会革命的重要论断

实践发展反映到人脑中转化为理论认知，这些认知既包括对社会发展现象与规律的反映，也包括对社会发展趋势和路径的反映。话语自身有着内在的演进逻辑，这种相对独立性是实践基础上的话语自我建构能力的体现。不同国家、文明用来阐释理想社会、发展目标的话语系统是各异的，体现了不同的时空特点和文明特色。新时代中国共产党的政治话语体系中，不仅形成了伟大社会革命的概念，而且以这一核心概念为基础形成了一系列的政治论断。这些论断深刻阐释了新时代坚持和发展中国特色社会主义的革命意涵，揭示了伟大社会革命与党的历史使命之间的关系。

新时代坚持和发展中国特色社会主义是一场伟大社会革命。这一论断回答了伟大社会革命的时间范围问题，正如习近平总书记指出，"要把新时代坚持和发展中国特色社会主义这场伟大社会革命进行好，我们党必须勇于进行自我革命，把党建设得更加坚强有力"①。这一论断既强调了新时代的革命任务和时空定位，也突出了社会革命与自我革命、党的建设之间的内在关联。这是在回顾历史、审视当下、展望未来的基础上，

---

① 《习近平谈治国理政》（第三卷），外文出版社2020年版，第515页。

对新时代提出的任务和要求。习近平总书记进一步指出："新时代中国特色社会主义是我们党领导人民进行伟大社会革命的成果，也是我们党领导人民进行伟大社会革命的继续，必须一以贯之进行下去。"①

领导人民进行伟大社会革命是党的历史责任。"办好中国的事情，关键在党，关键在党要管党、从严治党。"②中国特色社会主义进入新时代，世情、国情、党情都发生了深刻变化。世界正经历百年未有之大变局，21 世纪世界社会主义重新焕发出生机活力，中国在全面建成小康社会基础上继续建设社会主义现代化强国，中华民族伟大复兴进入不可逆转的历史进程，中国共产党成为世界第一大执政党。习近平总书记指出，"中国共产党要担负起领导人民进行伟大社会革命的历史责任"③，这是党在新时代必然要肩负起的责任和担当。中国共产党是马克思主义革命党，其历史使命的完成是一个长期的战略任务，这就要求党始终保持自身的先进性。从根本上来说，把党建设成为始终走在时代前列、人民衷心拥护、勇于自我革命、经得起各种风浪考验、朝气蓬勃的马克思主义执政党，这既是我们

---

① 《习近平谈治国理政》（第三卷），外文出版社 2020 年版，第 69—70 页。
② 《十八大以来重要文献选编》（下），中央文献出版社 2018 年版，第 418 页。
③ 习近平：《在第十三届全国人民代表大会第一次会议上的讲话》，《人民日报》2018 年 3 月 21 日第 2 版。

党领导人民进行伟大社会革命的客观要求，也是我们党作为马克思主义政党建设和发展的内在需要。

此外，习近平总书记还从社会革命的视角对一些历史事件作出评价，比如，在对五四运动的评价中，指出五四运动"是一场以先进青年知识分子为先锋、广大人民群众参加的彻底反帝反封建的伟大爱国革命运动，是一场中国人民为拯救民族危亡、捍卫民族尊严、凝聚民族力量而掀起的伟大社会革命运动，是一场传播新思想新文化新知识的伟大思想启蒙运动和新文化运动"①。这一系列的政治论断，既丰富了伟大社会革命的话语表达，也为推进伟大社会革命认知和认同提供了重要表达载体。

（三）关于伟大社会革命的重要命题

党的十八大以来，习近平总书记围绕伟大社会革命阐述了一系列的重要命题，深刻揭示了新时代推进伟大社会革命的基本要求、现实路径、领导力量、主体力量、时代价值等，不仅从整体性、大历史观视角回答了新时代与党的发展历史之间的关系，而且为新时代有序推进各项事业提供了方向指引。

---

① 习近平：《在纪念五四运动100周年大会上的讲话》，《人民日报》2019年5月1日第2版。

推进伟大社会革命必须进行伟大斗争。习近平总书记指出，"新时代坚持和发展中国特色社会主义是一场伟大社会革命，要求我们必须时刻进行具有许多新的历史特点的伟大斗争，必须让我们的干部特别是领导干部经风雨、见世面、长才干、壮筋骨，保持斗争精神、增强斗争本领"①，这一命题强调了新时代推进伟大社会革命的方式和路径。中国的发展离不开世界，世界的发展更加需要中国。当今世界正经历百年未有之大变局，无论是在国际政治领域、经济领域，还是在科技领域、文化领域，我国仍然面临着诸多的挑战、风险和威胁。基于辩证唯物主义和历史唯物主义，社会革命是一个自然历史过程，但人民群众居于其中并不是完全被动的，既是剧中人也是剧作者。无产阶级作为最先进的阶级，其所领导的社会革命是致力于实现人类解放的革命形态。新时代的中国特色社会主义仍然是伟大社会革命的重要组成部分，接续推进伟大社会革命就要凝聚起最为广泛的共识和力量，形成新时代社会革命的历史合力。

以伟大自我革命引领伟大社会革命。"党要领导人民推进伟大社会革命、实现民族伟大复兴，就必须发扬自我革命精神，深入推进全面从严治党的决心不能动摇、要求不能降低、力度

---

① 《习近平关于"不忘初心、牢记使命"论述摘编》，党建读物出版社、中央文献出版社 2019 年版，第 224 页。

不能减弱。"①党的十九大报告强调，勇于自我革命，从严管党治党，是我们党最鲜明的品格。全面从严治党永远在路上。党的二十大报告进一步提出完善党的自我革命制度规范体系的要求。百余年来，中国共产党领导人民取得了巨大的历史成就，要捍卫、巩固并不断增强来之不易的宝贵成果，中国共产党必须勇于进行自我革命，坚持立党为公、执政为民，深入推进全面从严治党，坚决扫除一切消极腐败现象，始终与人民心心相印、与人民同甘共苦、与人民团结奋斗，永远保持马克思主义执政党本色，永远走在时代前列，永远做中国人民和中华民族的主心骨！

中国的伟大社会革命越来越具有世界意义。近代以来，中国的社会革命、现代化建设和中华民族伟大复兴是密不可分的，经过长期奋斗和革命斗争，不仅彻底改变了国家蒙辱、人民蒙难、文明蒙尘的历史命运，中国的伟大社会革命还深刻影响着世界局势、国际格局的变迁。如今，"我国是世界上最大的社会主义国家，当我国建成社会主义现代化强国、成为世界上第一个不是走资本主义道路而是走社会主义道路成功建成现代化强国时，我们党领导人民在中国进行的伟大社会革命将更加充

---

① 《习近平关于"不忘初心、牢记使命"论述摘编》，党建读物出版社、中央文献出版社2019年版，第173页。

分地展示出其历史意义"①。为此，我们既要从历史观视角考察党领导的伟大社会革命，也要从全球史观的视角整体把握中国变革与世界变局之间的内在关系。

---

① 《习近平关于"不忘初心、牢记使命"论述摘编》，党建读物出版社、中央文献出版社 2019 年版，第 39 页。

第二章

伟大社会革命的理论渊源与文化意蕴

中国共产党的伟大社会革命理念有着深刻的理论渊源，是马克思主义社会革命观在中国的运用和发展，体现了马克思主义的守正与创新。中国共产党的伟大社会革命理念也具有丰富的文化意蕴，是中华优秀传统文化创造性转化和创新性发展的时代产物，体现了中华文明的现代化转型和时代性发展。近代以来中国伟大社会革命的科学推进离不开无产阶级领导权的确立，中国无产阶级走上中国政治舞台，无产阶级肩负起领导新民主主义革命的任务，中国共产党在正反两方面的经验中逐步认识到牢牢掌握无产阶级领导权的重要性，这些都成为党的社会革命理念形成的现实基础。

一、马克思主义经典作家的社会革命理念

社会革命理念是马克思主义的重要组成部分，马克思主义经典作家围绕这个主题进行了多方面阐释，深入分析了无产阶级领导的社会革命的主要内涵、现实条件、基本阶段和基本路径，不仅对如何实现资本主义社会的彻底变革进行了科学阐释，

而且从普遍意义上深刻揭示了人类社会变革的一般规律，赋予了无产阶级以强大的理论武器，在这一思想理论指引下人类社会发生了根本性转变。

（一）社会革命理念的主要内涵

关于社会革命的概念表达。马克思、恩格斯提出和使用社会革命概念经历了一个演进过程，并且随着马克思主义的系统阐述和创新发展，马克思主义社会革命概念的内涵不断完善。以《马克思恩格斯全集》第二版为文本考察对象，通过核心语词检索可以发现，马克思最早在《1844 年经济学哲学手稿》中开始使用社会革命概念，但这里并未对社会革命概念的内涵进行系统阐述。随着马克思的思想实现了从唯心主义向唯物主义、从革命民主主义向共产主义的转变，其关于社会革命的认识也更加深入和完善。马克思在《论犹太人问题》一文中对政治革命与社会革命进行了区分，指出"政治解放当然是一大进步；尽管它不是普遍的人的解放的最后形式，但在迄今为止的世界制度内，它是人的解放的最后形式"[①]，政治层面的解放为人类的彻底解放奠定了基础，但并不是人类解放的全部。只有在

[①]《马克思恩格斯文集》（第一卷），人民出版社 2009 年版，第 32 页。

彻底废除私有制、消灭剥削的基础上，人类社会才能实现最终的解放。马克思、恩格斯正是在这一意义上使用"社会革命"概念，并且在阐述相关命题、论断和理念的过程中，形成了"彻底的革命""全人类的解放""无产阶级革命""共产主义革命"等概念表述，充分体现出无产阶级领导的社会革命与无产阶级解放以及全人类解放之间的深度关联。

关于社会革命的现实意义。"任何一次真正的革命都是社会革命，因为它使新阶级占据统治地位并且让这个阶级有可能按照自己的面貌来改造社会。"[①]从一般意义上来说，社会革命是解决生产力与生产关系、经济基础与上层建筑之间矛盾关系的根本方式，社会革命通过变革旧的生产关系和上层建筑，为生产力的发展注入强劲活力、拓展发展空间，从而推动经济社会实现质的飞跃。无产阶级革命是真正意义上的社会革命，旨在推翻一切剥削制度和阶级统治，从而破除限制社会化大生产的各种束缚和障碍。正如马克思、恩格斯所指出的，"生产力发展到了这种程度，以致生产力与其赖以发展起来的社会制度不能相容，使这种制度成了生产力不能忍受的桎梏；唯一可能的出路，就是实行社会革命，把社会生产力从过时的社会制度的桎梏下解放出来，把真正的生产者、广大人民群众从雇佣

---

①《马克思恩格斯选集》（第三卷），人民出版社 2012 年版，第 327 页。

奴役状态中解放出来"①。无产阶级革命是工人阶级实现解放的根本途径，也是全人类实现彻底解放的必然要求。

关于社会革命的根本目标。恩格斯曾指出"重新建立处于更高发展阶段上的公有制，这是社会革命的任务"②，这从根本上回答了无产阶级领导的社会革命的独特性、彻底性。马克思主义坚持秉承"解放人类"的使命意识，既要"解释世界"，更要"改造世界"。并以强烈的问题意识和行动自觉强调了"改造世界"的重要性，不仅在哲学中确立了实践的基本范畴地位，而且将实践融入科学社会革命理论之中，致力于启发被压迫阶级实现从自在、自发向自为、自觉的转化，从而以有力的革命实践肩负起人类解放的使命。改造世界的实践需要可靠的先进的主体力量，这支力量就是最能代表历史发展趋势的无产阶级，但是作为一个自在的阶级总是需要一个转化为自为阶级的过程，因此，时代催生了无产阶级政党及其科学理论。在标志这一人类解放学说正式诞生的《共产党宣言》中，马克思、恩格斯系统阐释了无产阶级的政党理论，其中关于无产阶级政党性质、目的、特点与纲领等的阐释，为理解和认识社会革命中作为关键主体的政党提供了指南。

---

① 《马克思恩格斯全集》（第二十八卷），人民出版社 2018 年版，第 542 页。
② 《马克思恩格斯全集》（第二十六卷），人民出版社 2014 年版，第 362 页。

（二）实现社会革命的现实条件

实现社会革命的客观条件。社会革命是社会基本矛盾运动一般规律和社会主义革命的特殊规律综合作用的结果。任何社会都不是一成不变的，社会基本矛盾贯穿于人类社会发展的全过程，不断推动着社会向前发展，进而要求以社会革命的形式对社会形态进行变革。马克思、恩格斯指出，当现存的生产关系或财产关系"由生产力的发展形式变成生产力的桎梏"，"社会革命的时代就到来了"[①]。社会革命的萌发和实现并不是空中楼阁，也不是空穴来风，而是"进行全面的社会革命和彻底地消灭阶级对立的物质手段，即生产力"[②]。

实现社会革命的主体条件。整体而言，无产阶级革命的实现离不开工人阶级的彻底觉醒。一方面，无产阶级自身意识的萌发，为无产阶级革命提供了主体力量。"彻底的社会革命是同经济发展的一定历史条件联系着的；这些条件是社会革命的前提。因此，只有在工业无产阶级随着资本主义生产的发展，在人民群众中至少占有重要地位的地方，社会革命才有可能。"[③]基于此，马克思批判了巴枯宁忽视经济条件空谈"社会革命"

①《马克思恩格斯全集》（第三十一卷），人民出版社1998年版，第412—413页。
②《马克思恩格斯全集》（第十一卷），人民出版社1995年版，第245页。
③《马克思恩格斯选集》（第三卷），人民出版社2012年版，第338页。

的做法。无产阶级规模逐渐壮大、不满情绪不断增加，工业革命使无产阶级和资产阶级以同样的速度发展起来，并加剧了两大阶级之间的根本对立和内在矛盾，意味着工业革命"孕育着一个由无产阶级进行的社会革命"①。另一方面，贸易自由化加速了社会化大生产的进程，成为推动社会革命爆发的催化剂。马克思强调"自由贸易制度正在瓦解迄今为止的各个民族，使无产阶级和资产阶级间的对立达到了顶点"，使"自由贸易制度加速了社会革命"②。"由于自由贸易是这种历史演进的自然的、正常的环境，是最迅速地使不可避免的社会革命所必需的条件得以造成的经济培养基——由于这个原因，而且只是由于这个原因，马克思才宣布赞成自由贸易"③。与此同时，无产阶级为了赢得革命的胜利，需要联合一切受剥削、受压迫的人民群众的支持，必须把农民吸引到革命中来，并且努力改善农民的状况。

推动社会革命的领导力量。无产阶级政党的历史使命决定了接续推动伟大社会革命的必然性。就直接目标或最近目的而言，"共产党人的最近目的是和其他一切无产阶级政党的最近目的一样的：使无产阶级形成为阶级，推翻资产阶级的统治，

---

① 《马克思恩格斯选集》（第一卷），人民出版社 2012 年版，第 300 页。
② 《马克思恩格斯选集》（第一卷），人民出版社 2012 年版，第 375 页。
③ 《马克思恩格斯全集》（第二十八卷），人民出版社 2018 年版，第 542 页。

由无产阶级夺取政权"①。在夺取政权之前，无产阶级政党同剥削阶级所掌控的国家政权处于敌对状态。进行无产阶级革命的必然结果是无产阶级掌握国家政权，而无产阶级政党作为政治代表直接领导国家政权。列宁领导建立了世界上第一个社会主义国家，早在《俄国社会民主党人的任务》一文中就对新型无产阶级政党的社会革命任务进行了阐述，列宁明确指出，俄国社会民主党人的任务是"领导无产阶级的阶级斗争"，而这一任务具体表现在两个方面，"一种是社会主义的表现（反对资本家阶级，目标是破坏阶级制度，组织社会主义社会）；另一种是民主主义的表现（反对专制制度，目标是在俄国争得政治自由，并使俄国政治制度和社会制度民主化）"②。列宁强调俄国社会民主党"自从作为一个特别的社会革命派别出现时起"③就十分重视这两项任务。此外，新型无产阶级政党在夺取政权之后，就要通过确立生产资料公有制为社会化大生产提供广阔空间，并将自身的中心任务放在大力解放和发展生产力层面。

---

①《马克思恩格斯选集》（第一卷），人民出版社 2012 年版，第 413 页。
②《列宁全集》（第二卷），人民出版社 2013 年版，第 431 页。
③《列宁全集》（第二卷），人民出版社 2013 年版，第 431 页。

（三）社会革命演进的基本阶段

资本主义社会与共产主义社会之间存在一个过渡期。马克思在《哥达纲领批判》中指出，"在资本主义社会和共产主义社会之间，有一个从前者变为后者的革命转变时期。同这个时期相适应的也有一个政治上的过渡时期，这个时期的国家只能是无产阶级的革命专政"[①]。因而，共产主义社会也就有第一阶段和高级阶段的区别，社会革命不仅体现在通过革命手段确立无产阶级的统治地位，还体现在进入共产主义社会范畴后，要进一步以社会革命的自觉推动生产力的发展，从而为建成物质极大丰富、人们精神境界极大提高、全体人民共同富裕和自由全面发展的理想社会奠定坚实基础。在这个过渡时期，无产阶级必须通过本阶级的专政来消灭或改造作为阶级斗争和阶级存在的基础的经济条件，并且通过无产阶级专政来加速这一改造的过程；只有在阶级和阶级统治消失以后，政治意义上的国家才会消亡。进入共产主义高级阶段，国家才真正成为整个社会的代表，国家、政权、政党都会归于消亡，"对人的统治将由对物的管理和对生产过程的领导所代替"[②]。

共产主义社会的实现要在社会革命的过程中经历不同的发

---

① 《马克思恩格斯选集》（第四卷），人民出版社2012年版，第373页。
② 《马克思恩格斯选集》（第三卷），人民出版社2012年版，第668页。

展阶段。列宁在《国家与革命》一书中明确将马克思所讲的共产主义第一阶段界定为社会主义，并对国家消亡问题进一步确认，指出"国家还没有完全消亡，因为还要保卫那个确认事实上的不平等的'资产阶级权利'。要使国家完全消亡，必须有完全的共产主义"[①]。资产阶级法权[②]的存在，要求国家对公有制、平等劳动和平等分配进行保障。只有在人们实现了理想的公共生活规则之后，才"不需要所谓国家这种实行强制的特殊机构"[③]。关于这种消亡，列宁也只是从应然性的角度进行阐释，并没有分析这种消亡的速度和过程，只是将这个重点界定在实现完全的共产主义之时。与此同时，列宁从克服官僚主义的角度提出这个问题，从因循守旧习气造成对党的"革命性"侵蚀的角度，强调把学习和业务结合起来的重要性，从维持党的革命属性和革命精神的层面阐明党的领导的基本要求。这些思想认识在中国共产党自身建设中也有所体现，尤其是通过反对官僚主义、强调党的革命属性来加强党的领导，这些既是党的自身建设内容，也是推进社会革命的重要非制度化因素。

---

①《列宁全集》（第三十一卷），人民出版社 2017 年版，第 91 页。
② 所谓资产阶级法权，由马克思在《哥达纲领批判》中提出，用于指称社会经济特征，认为在社会主义经济关系和社会关系中，由于实行等量交换的按劳分配原则，因此还存在着类似资本主义社会那种形式上平等而事实上不平等的属于资产阶级性质的法定权利。
③《列宁全集》（第三十一卷），人民出版社 2017 年版，第 85 页。

（四）推进社会革命的基本路径

无产阶级上升为统治阶级是社会革命的重要任务，也是继续推进社会革命的基本前提。马克思主义认为，国家政权问题是全部政治的基础问题和根本问题，一切革命的根本问题也是国家政权问题。国家政权对于马克思主义政党而言具有至关重要的作用，有效掌握国家政权是实现马克思主义政党历史使命的必然要求和前提条件。在夺取政权之前，马克思主义政党的首要任务就是打碎旧的国家机器，建立人民当家作主的新政权；在夺取政权之后，关乎马克思主义政党前途命运的一个重大问题就是保持长期执政的问题，而保持马克思主义政党的长期执政地位是接续实现伟大社会革命的基本要求。正如马克思、恩格斯指出，"为了达到未来社会革命的这一目的以及其他更重要得多的目的，工人阶级应当首先掌握有组织的国家政权并依靠这个政权镇压资本家阶级的反抗和按新的方式组织社会"[①]。

无产阶级取得政权要运用国家机器的合理职能进行社会管理，以新的方式推进生产力的接续发展。马克思、恩格斯区分了国家的两种职能，即阶级统治和社会管理。在此基础上，面临如何建构新式的国家政权问题。对此，马克思指出，人们是

[①]《马克思恩格斯选集》（第四卷），人民出版社 2012 年版，第 559 页。

在"直接碰到的、既定的、从过去承继下来的条件下创造"①自己的历史的。而在国家政权建构方面，"打碎"和"摧毁"旧的国家机器都有原则性要求。首先，"工人阶级不能简单地掌握现成的国家机器，并运用它来达到自己的目的"②，掌握政权并不是最终的目的；其次，"掌握政权的第一个条件是改造传统的国家工作机器，把它作为阶级统治的工具加以摧毁"③，要将国家机器中的剥削性质去除掉；再次，在积极扬弃方面的具体要求是"旧政权的合理职能则从僭越和凌驾于社会之上的当局那里夺取过来，归还给社会的承担责任的勤务员"④，通过转化国家机器中社会管理的一般性职能，建构起新型的国家政权。

社会革命就是要从根本上消灭私有制、消除阶级分化、组织建立新的社会。"对我们说来，问题不在于改变私有制，而只在于消灭私有制，不在于掩盖阶级对立，而在于消灭阶级，不在于改良现存社会，而在于建立新社会。"⑤马克思主义的社会形态理论为实现社会革命提供了理论基础，通过阐释人类社会发展的一般规律和趋势，指明了社会革命的正确方向。概言之，无产阶级革命，不仅是政治层面革命，夺取国家政权；而且是

---

① 《马克思恩格斯选集》（第一卷），人民出版社 2012 年版，第 669 页。
② 《马克思恩格斯选集》（第三卷），人民出版社 2012 年版，第 95 页。
③ 《马克思恩格斯选集》（第三卷），人民出版社 2012 年版，第 163 页。
④ 《马克思恩格斯选集》（第三卷），人民出版社 2012 年版，第 100 页。
⑤ 《马克思恩格斯文集》（第二卷），人民出版社 2009 年版，第 192 页。

整个社会层面的深度广泛变革，要将人民群众从阶级统治、剥削制度、奴役状态下彻底解放出来。正如马克思、恩格斯所说，"只有在伟大的社会革命支配了资产阶级时代的成果，支配了世界市场和现代生产力，并且使这一切都服从于最先进的民族的共同监督的时候，人类的进步才会不再像可怕的异教神怪那样，只有用被杀害者的头颅做酒杯才能喝下甜美的酒浆"①。

二、中华传统文化与近代文化中的革命理念

习近平总书记在庆祝中国共产党成立 100 周年大会上，围绕马克思主义中国化命题的内涵及其要求，正式提出了"两个结合"，即坚持把马克思主义基本原理同中国具体实际相结合、同中华优秀传统文化相结合。中国共产党的伟大社会革命思想，既是马克思主义社会革命理论中国化的形态，也是中华文明和中国智慧现实转化的形态，体现了中华优秀传统文化创造性转化和创新性发展的文化逻辑。

---

① 《马克思恩格斯选集》（第一卷），人民出版社 2012 年版，第 862—863 页。

（一）中华传统文化中的"变革天命"

中华文明源远流长、博大精深，是中华民族独特的精神标识，是当代中国文化的根基，是维系全世界华人的精神纽带，也是中国文化创新的宝藏。其中蕴含的天下为公、民为邦本、为政以德、革故鼎新、任人唯贤、天人合一、自强不息、厚德载物、讲信修睦、亲仁善邻等，是中国人民在长期生产生活中积累的宇宙观、天下观、社会观、道德观的重要体现，同科学社会主义价值观主张具有高度契合性。"出乎史，入乎道，欲知大道，必先为史。"深刻把握中国共产党人的社会革命观，要从其文化基因和历史传统出发，深入揭示其中的内在逻辑、复杂关联。尤其是我们应当从历史自信和文化自信的角度，深刻审视马克思主义社会革命观与中华文明中的革命观念的内在契合之处，"坚持古为今用、推陈出新，把马克思主义思想精髓同中华优秀传统文化精华贯通起来、同人民群众日用而不觉的共同价值观念融通起来，不断赋予科学理论鲜明的中国特色，不断夯实马克思主义中国化时代化的历史基础和群众基础，让马克思主义在中国牢牢扎根"[①]。

---

① 习近平：《高举中国特色社会主义伟大旗帜　为全面建设社会主义现代化国家而团结奋斗——在中国共产党第二十次全国代表大会上的报告》，《人民日报》2022 年 10 月 26 日第 1 版。

在中华传统文化中，一般从"变革天命"的意义上理解和使用"革命"概念。据考察，"革命"一词最早见于《周易·革卦·象传》，其中记载"天地革而四时成，汤武革命，顺乎天而应乎人"。其一般意义是指"收回天命"或"撤销受命"，这里的意思就是商汤撤销了夏朝的受命而登上王位，周武王撤销了商朝的受命而登上王位，这是顺应天命和民意的。在对变革天命的理解中，一个十分重要的观点就是将天命和民意结合起来。正如周武王言道："天视自我民视，天听自我民听"，"民之所欲，天必从之"。儒家重要代表人物孟子曾对中国古代的这种政治理念进行了较为系统的阐释，认为最高统治者的地位应由最有资格为王的人继承，并通过向天举荐和获得人民赞同的方式对这种地位进行确认，这从一定意义上表达了天命与民意的统一性。正是从这个意义上，孟子讲道："使之主祭而百神享之，是天受之；使之主事而事治，百姓安之，是民受之也。天与之，人与之，故曰，天子不能以天下与人。"汉代的儒学家对"革命"概念进行了新的阐述，将其含义改为"改变天命"或"改革天命"，在削弱其暴力色彩的同时强调道德因素。革命概念的阐述反映了中国古人的国家观和政治观，认为天命授予具有最高美德的人，这反映出中国古人对政治统治合法性的认知。但天命的授予并不是永久不变的，如果统治者辱没了天命则会失去天命。概言之，"殷革夏命""汤武革命"，实质上都是在强调一种新秩序对一种旧秩序的取代，都强调了旧统治阶级合法性的丧失和新统治阶级合法性的获得。

（二）中国近代文化中的"革命"理念

"求木之长者，必固其根本；欲流之远者，必浚其泉源。"近代中国遭遇三千年未有之变局，革命概念的域外传入和本土转化成为一个重要的政治现象和文化现象。从大历史观的视角纵观近代以来的历史，中国在内生演化和向外学习的过程中，呈现出了从"欧风美雨""以俄为师""以苏为鉴"到"中国特色""中国方案"的深刻转变，"革命"等概念也随着世情国情的变化以及中国共产党领导的革命、建设、改革实践的发展而发生了深刻变化。

鸦片战争后，中国被迫纳入资本主义世界体系，"欧风美雨"对中国的思想文化界产生了直接冲击和深远影响，近代的革命概念就是在这种历史背景下传入中国并广泛使用的。在中华优秀传统文化中有诸多关于"革命"的理念，但是近代以来革命理念的传播，却经历了一个转译的过程。"由于'revolution'一词的汉语对等词'革命'在19世纪的汉英词典和英汉词典中均未出现，但字形相同的'kakumei 革命'却见于明治初期的几部英日词典中"[①]，据此判定现代意义上的革命概念出自日本。而较早将这一概念引入中国的是 1896 年的《时务报》，这一概念引入中国后迅速成为广泛使用的政治话语。在近代中国的思想文化领域，就革命概念的译介而言曾出现过一些争议和讨论，如梁启超就围绕革命概念的翻译进行过分析，认为应当区分朝代更迭的"王朝革命"与经济社会发生彻底变化的"国民变革"，因此建议用变革来翻译"revolution"。但这些讨论并没有从根本上改变革命概念的广泛传播和普遍使用。

近代中外文化碰撞过程中，中国的先进分子在接受形形色色的革命理念的过程中，逐渐确立了正确的革命观，中国共产党人对革命概念的理解和认知并不是完全沿袭传统文化中"变革天命"的意涵。对于近代的国人而言，"革命"观念的输入深刻改变了国人将"革命"与"造反"等同起来的固有观念，极大地拓展了革命的意涵，尤其是可以用"革命"一词来指称一切变革或变化，这些变革或变化既体现在制度层面，也体现在观念层面，甚至可以指向生产力或科技层面的巨大变化。面对中国迫切需要革命的现实背景，为了拯救民族危亡，中国人民奋起反抗，仁人志士奔走呐喊，太平天国运动、戊戌变法、义和团运动、辛亥革命接连而起，各种救国方案轮番出台，但

---

①[德]李博：《汉语中的马克思主义术语的起源与作用》，赵倩、王草、葛平竹译，中国社会科学出版社 2003 年版，第 141 页。

都以失败而告终，各种社会思潮包括改良主义、自由主义、社会达尔文主义、无政府主义、实用主义、民粹主义、工团主义等"你方唱罢我登场"，但都没能解决中国的前途和命运问题。究其根本，这些思潮和主张并没有真正从中国实际出发，也就找不到彻底改变中国命运的现实道路和革命力量，因此也就不能对"中国向何处去"等重大问题作出科学合理的回答。

在经过中国革命实践检验后，只有马克思主义的革命观点和社会革命理论彻底改变了中国。从根本上来讲，这是因为马克思主义社会革命理论具有彻底性，从根本上把握住了中国革命的实质、主流和关键。正如马克思所指出的："理论只要说服人，就能掌握群众；而理论只要彻底，就能说服人。所谓彻底，就是抓住事物的根本。而人的根本就是人本身。"①中国共产党人在接受、理解和运用革命概念的过程中，逐渐赋予其较为稳定的概念内涵，即将革命理解为社会革命，正如毛泽东同志所指出的，"革命是暴动，是一个阶级推翻一个阶级的暴烈的行动"②。随着中国共产党领导社会革命实践的深入，党对革命的理解也更加全面丰富。

---

① 《马克思恩格斯选集》（第一卷），人民出版社2012年版，第9—10页。
② 《毛泽东选集》（第一卷），人民出版社1991年版，第17页。

第三章
伟大社会革命的演进历程与内在逻辑

"只有回看走过的路、比较别人的路、远眺前行的路，弄清楚我们从哪儿来、往哪儿去，很多问题才能看得深、把得准。"[①]历史的概念化与概念的历史化是社会演进的客观特征，概念作为历史的窗口、经验的入口和思想的出口是历史的现实，要从客观事实与主观逻辑的契合中，坚持客观辩证法和主观辩证法的统一性。知其所来才能明其所趋，知其得失才能明其取舍。历史记忆熔铸于民族基因之中，还原历史才能客观认知历史。中国共产党成立以来的历史，就是党领导中国人民进行社会革命的历史。百余年来，中国的伟大社会革命，经历了一个长期演进的过程，取得了开天辟地、改天换地、翻天覆地、惊天动地的历史性成就，呈现出了鲜明的阶段性特征。

一、党的根本政治目的是实行社会革命

中国共产党是以马克思主义科学社会革命理论武装起来的

---

① 《习近平谈治国理政》（第三卷），外文出版社 2020 年版，第 70 页。

先进政党，推进社会革命是新型无产阶级政党的历史使命。新民主主义革命时期，"社会革命"是党的话语体系中的重要概念，围绕这一概念形成了一系列重要的政治话语、论断和命题，这些表达形式既展现了中国社会革命波澜壮阔的历史图景，又深刻阐述了社会秩序的历史变迁。党在新民主主义革命时期的任务就是，反对帝国主义、封建主义、官僚资本主义，争取民族独立、人民解放，新民主主义革命的胜利为实现中华民族伟大复兴创造根本社会条件。

（一）建立以社会革命为目的的政党

近代中国的历史命运发生了极大的转折，迫切需要一场彻底性、根本性的社会革命来扭转人民、国家和民族所面临的内外局势。封闭导致落后，"落后就要挨打"，这是我们总结中国近代以来正反两方面经验得出的深刻结论。近代中国在内部僵化和外部冲击综合作用下，自身的经济结构、社会结构、国际地位、政治形势等都发生了深刻的变化。鸦片战争打破了中国与世界的既有关系状态，使中国开始沦为半殖民地半封建社会，成为中国近现代历史的开端。在这种历史背景下，国际地位从"天朝上国"到"瓜剖豆分"的巨大落差，外部环境从万国祥和到虎视鹰瞵的巨大转变，导致了近代国民产生了制度自卑，这种自卑既来自列强欺凌的民族屈辱，也来自"欧风美雨"的文化冲击。这种历史命运的形成是多重因素综合作用的结果，封建制度对生产力发展的禁锢和资本—帝国主义对中国的压迫剥削，造成了近代中国内无民主、外无主权的历史困境。而国家制度、国际地位的变化也会深刻影响人民群众的精神状态，制度的封闭性造成了制度自视中的两种极化心态，一种是在封闭环境中认为制度完美而滋生的自大心态，一种是在文明碰撞和制度对比中遭遇挫折而产生的自卑心态，中国近代以来的历史验证了这两种极化心态的急剧转变，而中国无产阶级登上中国历史舞台和中国共产党的诞生彻底改变了近代中国的颓势，使得整个无产阶级和中华民族实现了从自在自发状态到自觉自为状态的转变。

彻底改变近代中国的命运，扭转国家蒙辱、人民蒙难、文明蒙尘的厄运，需要有一个科学的社会革命理论指导中国人民和中华民族实现彻底觉醒；需要一个代表先进阶级的政党作为中国革命事业的坚强领导核心；需要在这个先进政党的领导下探索出中国自己的革命道路并取得成功。面对近代中国无组织或低组织状态的社会现实，只有找到科学的理论、坚强的领导、正确的道路，才能从根本上改变中国的前途和命运。"十月革命一声炮响，给中国送来了马克思列宁主义。五四运动促进了马克思主义在中国的传播。在中国人民和中华民族的伟大觉醒中，在马克思列宁主义同中国工人运动的紧密结合中，一九二一年七月中国共产党应运而生。中国产生了共产党，这是开天辟地的大事变，中国革命的面貌从此焕然一新。"①马克思主义在中国的传播具有其历史必然性和直接现实性，马克思主义在中国找到了中国无产阶级这一物质力量，中国无产阶级找到了马克思主义这一思想武器，二者的结合是近代中国历史发展的必然结果，也为中国进行彻底的社会革命提供了坚实基础。

中国共产党是一个新型无产阶级政党，是马克思主义与中国工人运动相结合的成果。中国共产党一经诞生，就深刻改变了鸦片战争后中国历代仁人志士探索救亡图存道路的局面，从根本上回答了"中国向何处去"这一问题。党的一大通过的《中国共产党第一个纲领》，就明确提出了"党的根本政治目的是实行社会革命"②，明确了党作为新型无产阶级政党的政治使命和历史责任。"没有革命的理论，就不会有革命的运动"③，正是在科学理论的指导下，中华民族复兴才走上了正确的道路。中国共产党的成立，使得中国人民和中华民族在精神上实现了从被动到主动的转变，民族觉醒是自觉推动民族复兴的基础。

---

① 《中共中央关于党的百年奋斗重大成就和历史经验的决议》，《人民日报》2021年11月17日第1版。
② 《建党以来重要文献选编（一九二一——一九四九）》（第一册），中央文献出版社2011年版，第1页。
③ 《列宁选集》（第一卷），人民出版社2012年版，第311页。

近代以来的中华民族经历了一个整体觉醒、重新整合、奋发自强的过程，而这个过程的实现并不是自发完成的，而是在一个自觉的无产阶级政党领导下实现的。中国共产党之所以能够肩负起民族复兴的使命，一个极为重要的原因就是坚持马克思主义并不断推进马克思主义的中国化时代化。

（二）科学分析近代中国的现实条件

社会革命不是通过逻辑思辨就能够实现的，而是要以现实的先进的革命力量和历史主体为基础进行长期的革命实践，如此，才能从根本上改变近代中国半殖民地半封建社会的性质，才能彻底对生产关系和上层建筑进行变革，从而为生产力的解放和发展创造条件。为此，一方面，中国共产党成立后高度重视组织动员的作用，我们党通过的《中国共产党第一个决议》中的第一条就是关于"工人组织"[①]的问题。另一方面，中国共产党突出宣传教育的作用，旨在通过思想教育、理论宣传达到教育全党、武装人民、启发民智的作用。其中1921年7月的《北京共产主义组织的报告》中就指出，"我们能否利用易于激发起来的无产阶级的革命精神，能否把民主主义的政治革命引上工人阶级社会革命

---

① 《建党以来重要文献选编（一九二一——一九四九）》（第一册），中央文献出版社2011年版，第4页。

的轨道，所有这一切都将取决于我们高举红旗进行斗争的努力程度"①，强调了宣传教育在将民主主义政治革命转变为工人阶级社会革命过程中的独特价值。这也是中国共产党成立之初，就将组织和宣传职能置于重要位置的深层原因。

旗帜问题至关重要，旗帜决定方向，方向决定道路，道路决定命运。民族独立、人民解放作为一项历史任务提上历史议程，是伴随近代中华民族从自发状态到自觉状态转变而完成的，其中理论的先导作用推动了民族意识的生成与转变。马克思主义在中国的传播，指导中国的无产阶级及其政党形成了科学的世界观和方法论。中国共产党人一经接受马克思主义，就开始将其与中国革命的实际结合起来，探寻改变中国历史命运的革命道路，正如早期的中国共产党人接受并认同《共产党宣言》所揭示的社会革命的内在逻辑一样，"当人们谈到使整个社会革命化的思想时，他们只是表明了一个事实：在旧社会内部已经形成了新社会的因素，旧思想的瓦解是同旧生活条件的瓦解步调一致的"②，这表明中国共产党人运用马克思主义解答中国革命问题的思想自觉和实践自觉。

探寻中国社会革命的道路，要立足中国自身的经济社会条

---

① 《建党以来重要文献选编（一九二一——一九四九）》（第一册），中央文献出版社 2011 年版，第 14 页。
② 《马克思恩格斯选集》（第一卷），人民出版社 2012 年版，第 420 页。

件、阶级阶层结构状况、历史文化传统等，如此才能科学地制定民主革命纲领，发动工人运动、青年运动、农民运动、妇女运动，形成中国社会革命的历史合力，汇聚成改变中国命运的革命洪流。以毛泽东同志为主要代表的中国共产党人，在立足中国现实国情、总结以往革命经验教训的基础上，以马克思主义的阶级斗争理论和阶级分析法为指导，通过全面考察经济社会基础和政治态度双重标准，科学分析了中国的阶级阶层状况，深刻回答了"谁是我们的敌人？谁是我们的朋友？"的问题，指出"这个问题是革命的首要问题"①。通过对中国国情的客观分析，明确了中国革命的领导权问题。无产阶级领导权问题是中国革命的中心问题，对此，毛泽东同志认为工业无产阶级"人数虽不多，却是中国新的生产力的代表者，是近代中国最进步的阶级"②，也必然是革命的领导力量。明确了革命对象问题，毛泽东同志在《中国社会各阶级的分析》中指出，地主阶级和买办阶级"代表中国最落后的和最反动的生产关系，阻碍中国生产力的发展"③，是"国际资产阶级的附庸，其生存和发展，是附属于帝国主义的"④，因而他们是反革命派，即革命的对象。明确了革命同盟问题，统一战线的根本问题是组

①《毛泽东选集》（第一卷），人民出版社1991年版，第3页。
②《毛泽东选集》（第一卷），人民出版社1991年版，第8页。
③《毛泽东选集》（第一卷），人民出版社1991年版，第4页。
④《毛泽东选集》（第一卷），人民出版社1991年版，第3页。

织同盟军问题。革命对象的明确是一种导向性的突出，革命同盟的确立就成为斗争性的联合。毛泽东同志认为小资产阶级代表的是"小生产的经济"①，在革命形势高涨时，不仅左派、中派，甚至右派在裹挟之下都会支持革命。半无产阶级代表的是"更细小的小生产的经济"②，他们占有少量的生产资料，还要出卖一部分劳动力维持极其贫困的生活，容易接受革命的宣传。小资产阶级和半无产阶级是革命的同盟者。以毛泽东同志为主要代表的中国共产党人，不仅对阶级整体进行了分析，还详细分析了阶级内部不同派性或不同层次对于革命的态度，便于在统一战线中采取灵活性策略。中国共产党人对近代中国阶级阶层状况的分析，不是在阶级的范畴内的狭隘区分，而是对阶级之间及阶级内部的一种系统分析；不是一种简单的层级的界定，还包括依据政治标准对阶级内部不同政治倾向和政治态度群体的分化，这种划分本身就蕴含着丰富的辩证法思想，也潜在蕴含着阶级斗争的策略，为推动中国实现社会革命提供了科学理论指引。

（三）开创符合中国实际的革命道路

中国走什么样的革命道路经历了一个探索的过程。从走俄

①《毛泽东选集》（第一卷），人民出版社1991年版，第5页。
②《毛泽东选集》（第一卷），人民出版社1991年版，第6页。

国人的革命道路到走自己的革命道路，从破除各种"左"的、右的错误到确立实事求是的思想路线，从将共产主义决议和苏联经验绝对化到推进马克思主义中国化、创立毛泽东思想，中国共产党人走出了一条真正符合中国国情、能够改变中国命运、具有广泛深远影响的革命道路。

中国共产党将马克思主义基本原理与中国革命具体实际相结合，深刻回答了中国革命的一系列基本问题。其一，关于中国社会革命的道路。近代中国社会主要矛盾是帝国主义和中华民族的矛盾、封建主义和人民大众的矛盾。敌人的强大力量及对革命力量的残酷镇压，决定了中国的社会革命只能以武装的革命反对武装的反革命。"在革命斗争中，以毛泽东同志为主要代表的中国共产党人，把马克思列宁主义基本原理同中国具体实际相结合，对经过艰苦探索、付出巨大牺牲积累的一系列独创性经验作了理论概括，开辟了农村包围城市、武装夺取政权的正确革命道路，创立了毛泽东思想，为夺取新民主主义革命胜利指明了正确方向。"①其二，关于中国社会革命阶段问题，1939 年毛泽东同志在同美国记者斯诺的谈话中就以文章的上下篇来阐述中国革命的进程，强调"我们永远是社会革命论者，

---

① 《中共中央关于党的百年奋斗重大成就和历史经验的决议》，《人民日报》2021 年 11 月 17 日第 1 版。

永远不是改良主义者。中国革命，有两篇文章，上篇和下篇"①。毛泽东同志在1940年的《新民主主义论》中深刻批判了"一次革命论"，阐述了马克思主义的革命发展论。一方面，他强调"一次革命论"的本质是否定共产主义和共产党存在的合理性与必然性，实质上是"不要革命论"；另一方面，他揭露了所谓"举政治革命与社会革命毕其功于一役"设想的空想性，深刻阐明了政治革命与社会革命、民主主义革命和社会主义革命之间的辩证关系，明确指出在中国"两个革命阶段中，第一个为第二个准备条件，而两个阶段必须衔接，不容横插一个资产阶级专政的阶段"②。与此同时，也批判了将民主主义革命与社会主义革命割裂开来的"二次革命论"。其三，关于中国社会革命主体问题。革命任务的实现离不开革命主体对社会革命的坚守。毛泽东同志在1925年11月的《答少年中国学会改组委员会问》中就明确"主张无产阶级的社会革命"，但在存在内外压迫的背景下无法凭一阶级之力推翻反动统治，因而"主张用无产阶级、小资产阶级及中产阶级左翼合作的国民革命"达成革命目标，实现"革命民众的统治"③。他还在1925年12月的《中国社会各阶级的分析》一文中，以阶级阶层分析方法

①《毛泽东文集》（第二卷），人民出版社1993年版，第243页。
②《毛泽东选集》（第二卷），人民出版社1991年版，第5685页。
③《毛泽东文集》（第一卷），人民出版社1993年版，第18–19页。

对中国革命的对象、领导者、同盟军等进行了系统考察。

近代中国面临着"三千年未有之大变局",半殖民地半封建社会的性质决定了中国首先要完成民主主义革命才能进行社会主义革命,以此实现民族独立、人民解放和国家富强、人民幸福。在"救亡图存"和"振兴中华"的过程中,不同阶级提出了不同的救国方案,有的得以实践,有的未能实践,但最后都以失败而告终,只有无产阶级的政治代表中国共产党提出的先进行新民主主义革命,再进行社会主义革命的方案最终取得了成功并得到不同阶层的认可。中国共产党的领导地位是历史的必然,也是人民的选择。经过二十八年浴血奋斗,党领导人民实现民族独立、人民解放,彻底结束了旧中国半殖民地半封建社会的历史,彻底结束了极少数剥削者统治广大劳动人民的历史,彻底结束了旧中国一盘散沙的局面,彻底废除了列强强加给中国的不平等条约和帝国主义在中国的一切特权,实现了中国从几千年封建专制统治向人民民主的伟大飞跃,也极大改变了世界政治格局,鼓舞了全世界被压迫民族和被压迫人民争取解放的斗争。这是对历史发展的客观规律的总结,也是对历史经验教训的深刻揭示。

二、破坏一个旧世界并建设一个新世界

破坏一个旧世界并不是共产党人的最终目的，打碎旧的国家机器并建立起新的人民当家作主的政权只是马克思主义政党实现自身历史使命的第一步，其最终目的是要建立一个人人自由而全面发展的新世界，在那里没有剥削阶级的压迫，没有资本逻辑的支配，没有雇佣劳动的奴役，而是在生产资料公有制的基础上实现满足人们对美好生活的需要。社会主义革命和建设时期，党领导人民实现从新民主主义到社会主义的转变，进行社会主义革命，推进社会主义建设，为实现中华民族伟大复兴奠定了根本政治前提和制度基础。

（一）推进社会主义革命和建设事业

新中国成立后，党领导人民接续推进伟大社会革命，以"进京赶考"的执政自觉和跳出历史周期率的忧患意识，战胜政治、经济、军事等方面一系列严峻挑战。肃清国民党反动派残余武装力量和土匪，和平解放西藏，实现祖国大陆完全统一；稳定物价，统一财经工作，恢复经济发展，提高人民生活水平；完成土地改革，进行社会各方面民主改革，实行男女权利平等，镇压反革命，开展"三反""五反"运动，荡涤旧社会留下的污泥浊水，社会面貌焕然一新；实行"一化三改"，坚持社会主义工业化建设和社会主义改造并举，在发展生产力的同时变革生产关系，实现了中华民族有史以来最为广泛而深刻的社会变革。这些领域的建设与变革都具有社会革命的意义。

党的中心任务的确定和社会革命的现实进程，从根本上来讲是以对社会主要矛盾的判定为前提的。新民主主义革命胜利意味着"三座大山"被推翻，社会革命的对象也发生了深刻变化。1952年底，土地改革基本完成、国民经济基本恢复后，社会主要矛盾就转变为了无产阶级与资产阶级之间的矛盾，为此就要通过社会主义革命实现对农业、手工业、资本主义工商业的改造，以确立社会主义社会的经济基础和生产资料公有制。对生产资料私有制进行改造是社会革命的关键问题，以何种形式实现这种革命应以具体的历史条件为基础。列宁曾设想以和平赎买的方式改造苏俄的资本主义私有制，但是最终未能成功。中国充分利用革命时期形成的优良传统、统一战线以及新中国建设中逐渐凝聚的政治共识，顺利地以和平赎买的方式实现了新民主主义社会向社会主义社会的平稳过渡。通过社会主义三大改造，我国消灭了生产资料私有制，以国营经济和集体经济两种形式构成的生产资料公有制建立起来，成为社会主义中国的经济基础。与此同时，社会主义改造还包括对人的改造，把地主、富农改造成自食其力的社会主义新人，把民族资产阶级改造成劳动者，把广大农民和其他个体劳动者改造成社会主义集体劳动者。这种社会革命具有广泛性、深刻性的特点，不仅实现了生产资料所有制的根本性变革，而且促进了生产力的极大发展。

对于走什么样的社会主义建设道路，中国共产党人进行艰辛探索。世界社会主义运动形势的变化，尤其是苏共二十大集中暴露了苏联模式的体制机制弊端，以及国际上波匈事件的爆发、中苏关系的变化等，促使中国开始了"以俄为师"向"以苏为鉴"的转变。毛泽东同志提出把马克思列宁主义基本原理同中国具体实际进行"第二次结合"，探索形成中国自己的社会主义建设道路。以毛泽东同志为主要代表的中国共产党人，结合我国发展新的实践丰富和发展了毛泽东思想，提出关于社会主义建设的一系列重要思想，包括社会主义社会是一个很长的历史阶段，严格区分和正确处理敌我矛盾和人民内部矛盾，正确处理我国社会主义建设的十大关系，走出一条适合我国国情的工业化道路，尊重价值规律，在党与民主党派的关系上实行"长期共存、互相监督"的方针，在科学文化工作中实行"百花齐放、百家争鸣"的方针等。虽然这一时期出现了一些问题甚至造成了严重曲折，但这一时期形成的一些理论观点、方法原则等，对于接续推进中国的社会革命具有重要意义。

（二）建立新型国家制度和政党制度

社会主义革命和建设时期，党领导人民开创了社会主义革命道路和社会主义建设道路。党领导建立和巩固了工人阶级领导的、以工农联盟为基础的人民民主专政的国家政权，将社会主义制度确立为国家的根本制度，建构起了社会主义性质的上层建筑，为国家迅速发展创造了条件，也明确了我国在世界格局中的定位。党领导确立人民代表大会制度、中国共产党领导的多党合作和政治协商制度、民族区域自治制度，为人民当家作主提供了制度保证，建立起了新型国家制度和新型政党制度，在中华民族发展史上建立起了一种新型政治制度，为社会革命的深入推进提供了坚实的制度基础、领导力量和政治保障，在中国政治发展史上以及世界政治发展史上都具有划时代的意义。

人民代表大会制度是中国人民在人类政治史上的重要制度创造，是中国共产党人深刻总结近代以来中国政治发展经验教训形成的重要制度成果。1949年，中国人民政治协商会议第一届全体会议制定《中国人民政治协商会议共同纲领》，起到临时宪法的作用。1954年，召开第一届全国人民代表大会第一次会议，正式通过了《中华人民共和国宪法》，以根本大法的形式对中国的社会主义制度进行确认，标志着人民代表大会制度这一根本政治制度正式诞生。作为中国政体的人民代表大会制度，既与资本主义国家的议会制等有着本质的区别，也与苏联的苏维埃制度具有很大差异，是马克思主义国家学说与中国政治建设实践深度融合的成果。

新型政党制度体现了政党制度一般原则与中国政治智慧的深度结合。中国共产党基于近代以来特别是新民主主义革命中的政治现实，建构起了新型政党制度，避免了一党制的独断专行和两党制或多党制的政治内耗。中国新型政党制度是在长期政治实践中生成的富有中国特色、蕴含独特价值、具有显著优势的政党制度。这一制度是马克思主义基本原理、中国政治发展实际、中华历史文化传统等深相结合的结果，形成于协商筹建新中国的伟大实践，发展于社会主义革命、建设、改革的伟大进程，完善于中国特色社会主义新时代。这一制度的发展完善，不仅在中国社会主义现代化建设和中华民族伟大复兴过程中发挥了至关重要的作用，而且打破了一些基于"西方中心主义"的政治认知。中国新型政党制度的创新性发展，拓展了政党政治发展的路径，创造了一种新的政党政治模式，推动了人类政治文明的创新发展；形成了新型政党关系，建构了中国特色的政党沟通模式；展现了鲜明而独特的制度优势，提升了政党治理与国家治理的效能。

民族区域自治制度是中国共产党进行制度创新的重要成

果，是中国共产党人运用马克思主义民族理论解决民族问题的
重大创造，充分体现了中国解决民族问题的鲜明特色。《中国
人民政治协商会议共同纲领》对在新民主主义革命时期就不断
尝试和探索的民族区域自治制度进行了肯定和确认，1952 年中
央人民政府公布施行了《中华人民共和国民族区域自治实施纲
要》，我国的第一部宪法对这一制度也进一步作了确认。这一
制度的实行不仅有助于维护国家统一、民族团结，而且为民族
地区依据自身实际深入推进社会革命提供了制度保障。

（三）探索中国的社会主义建设道路

社会主义制度条件下仍然要进行革命，这是社会主义发展
的内在需要和基本规律决定的。对此，毛泽东同志在读苏联《政
治经济学教科书》的讲话中深刻指出，"社会主义制度下，虽
然没有一个阶级推翻另一个阶级的革命，但是还有革命，技术
革命，文化革命，也是革命"[①]，既指明了社会主义社会仍然
要进行革命，也表明了社会革命具有不同的表现形态。与此同
时，他进一步指出，"从社会主义过渡到共产主义是革命，从
共产主义的这一个阶段过渡到另一个阶段，也是革命。共产主

---

① 《毛泽东文集》（第八卷），人民出版社 1999 年版，第 108 页。

义一定会有很多的阶段，因此也一定会有很多的革命"①，这充分表明共产主义的实现和建成是一个循序渐进的长期过程，需要通过不同阶段的社会革命来完成这一历史任务。但社会主义建设总是以一定的经济社会条件为基础的，纵观世界社会主义运动史，社会主义并不是首先在发达资本主义国家取得胜利的，正如毛泽东同志引述列宁的话，"一直到现在，社会主义革命成功的国家，资本主义发展水平比较高的，只有东德和捷克；其他的国家，资本主义发展水平都比较低。很高的国家，革命都没有革起来"②。社会主义革命的胜利是在帝国主义的薄弱环节实现的，正因如此，俄国的十月革命和中国的新民主主义革命都体现出特殊性，前者作为社会主义革命包含民主革命的任务，后者作为民主革命实质上具有社会主义革命的内涵。在这种经济社会文化条件和社会革命属性基础上建立起来的社会主义社会，要进入共产主义社会，就要从根本上改变生产力落后的现状，探索"具有自己特别的具体的社会主义建设的形式和方法"③的社会主义建设道路。

社会主义事业对于整个无产阶级及其政党来说是一项崭新的事业，对于经济文化相对落后国家的无产阶级及其政党

①《毛泽东文集》（第八卷），人民出版社1999年版，第108-109页。
②《毛泽东文集》（第八卷），人民出版社1999年版，第112-113页。
③《毛泽东文集》（第八卷），人民出版社1999年版，第116页。

来说更是一项前所未有的探索性事业。苏联作为世界上第一个社会主义国家，在社会主义建设方面进行了广泛探索并积累了宝贵经验，这给中国提供了诸多可供借鉴的地方。与此同时，随着苏联模式弊端的逐渐凸显、制度改革的日趋停滞，其负外部性逐渐显露出来，中国共产党基于此提出了"以苏为鉴"的命题和任务，强调实现马克思主义基本原理同中国具体实际结合，这是中国顺利推进社会主义建设，接续实现社会革命的必然要求。社会主义革命和建设时期是党领导人民继续推进社会革命的历史时期。"从新中国成立到改革开放前夕，党领导人民完成社会主义革命，消灭一切剥削制度，实现了中华民族有史以来最为广泛而深刻的社会变革，实现了一穷二白、人口众多的东方大国大步迈进社会主义社会的伟大飞跃。在探索过程中，虽然经历了严重曲折，但党在社会主义革命和建设中取得的独创性理论成果和巨大成就，为在新的历史时期开创中国特色社会主义提供了宝贵经验、理论准备、物质基础。"[1]

我们对社会主义建设规律的认识并不是在初始状态就是完善的，而是在长期探索中实现从相对真理到绝对真理的转变，这就存在一个不断深化认识和总结经验的过程。在社会

---

[1] 《中共中央关于党的百年奋斗重大成就和历史经验的决议》，《人民日报》2021 年 10 月 17 日第 1 版。

主义革命和建设时期，毛泽东同志关于生产力与生产关系、经济基础与上层建筑矛盾关系的认识，对于推进中国的社会革命具有重要的意义。毛泽东同志指出，"生产关系的革命，是生产力的一定发展所引起的。但是，生产力的大发展，总是在生产关系改变以后"①，这说明生产关系的变革总是基于生产力发展的一定条件和基础的，而生产力要拓展发展空间并实现快速发展，就要对生产关系进行相应的变革和调整。通过分析资本主义革命与社会主义革命的异同，毛泽东同志进一步指出，"首先制造舆论，夺取政权，然后解决所有制问题，再大大发展生产力，这是一般规律。在无产阶级革命夺取政权以前，不存在社会主义的生产关系，而资本主义的生产关系，在封建社会中已经初步成长起来。在这点上，无产阶级革命和资产阶级革命有所不同。但是，这个一般规律，对无产阶级革命和资产阶级革命都是适用的，基本上是一致的"②。我国在社会主义革命中消灭了旧的生产关系并确立了新的生产关系，为生产力的发展开辟了新的道路，也对社会主义制度的不断变革和完善提出了要求。

---

① 《毛泽东文集》（第八卷），人民出版社1999年版，第132页。
② 《毛泽东文集》（第八卷），人民出版社1999年版，第132页。

三、改革开放是中国的"第二次革命"

改革开放是中国社会主义制度的自我调整、变革和完善。为了重建党、国家和社会的正常秩序和有序局面，就需要在拨乱反正过程中逐渐恢复和发展党的正确思想路线、政治路线和组织路线。在又一次面临中国向何处去的问题时，我们开启了"第二次革命"。改革开放和社会主义现代化建设新时期，党推进社会革命的任务就是，继续探索中国建设社会主义的正确道路，解放和发展社会生产力，使人民摆脱贫困、尽快富裕起来，为实现中华民族伟大复兴提供充满新的活力的体制保证和快速发展的物质条件。

（一）在解放思想中重新认识革命

邓小平同志在对中国社会主义建设过程和世界社会主义运动正反两方面的经验进行高度总结的基础上，在对改革开放以来党和国家取得的巨大成就深刻分析的基础上，提出了一个重大的政治论断，即"改革是中国的第二次革命"[1]，对改革开

———————

[1]《邓小平文选》（第三卷），人民出版社1993年版，第113页。

放的地位和作用进行了高度肯定。邓小平同志高度重视改革开放之于中国的极端重要性，他还引用外国评论家的观点进行表述，强调"中国的现行政策是不可逆转的"[①]。与此同时，邓小平同志也充分认识到改革开放的风险性和不确定性，对此他高度重视总结经验的重要性，在回答"什么是社会主义、怎样建设社会主义"这一基础性、根本性重大时代课题时，邓小平同志专门将总结经验作为正式建议向中央提出，强调"一个总结经验，一个使用人才，这两点是我的正式建议"[②]。

邓小平同志不仅从革命意义上理解改革，而且强调了开放的革命性意义。在改革开放这一极具中国特色的政治概念正式形成和确认之前，改革与开放概念的使用情况深刻展现了改革与开放的共同性，也表明了开放之于改革和中国发展的重要意义。要想厘清"改革"与"开放"之间的关系还要明确"搞活"的内涵，因为在改革开放之初，对"改革""开放""搞活"三个概念之间的关系认识经历了一个复杂的过程。基本呈现三种理解形式：一是将三个概念并列，从狭义层面理解三者之间的关系；二是将三个概念的内涵等同，从广义层面上理解三者之间的关系；三是对三个概念的内涵与外延界定有所差异，不是从同一范围内理解，因此三者之间既有

---

① 《邓小平文选》（第三卷），人民出版社 1993 年版，第 114 页。
② 《邓小平文选》（第三卷），人民出版社 1993 年版，第 369 页。

内涵重合也有概念区别。从三者内涵并列的层面理解，1985年3月7日邓小平同志指出，"我们采取的所有开放、搞活、改革等方面的政策，目的都是为了发展社会主义经济"①，这种概念并列类似于"开放、改革、建设"②的提法，三个概念都是从狭义角度理解。从同一内涵层面理解"改革""开放""搞活"，邓小平同志在1984年11月1日中央军委座谈会阐释改革开放政策时指出，"一个对外经济开放，一个对内经济搞活。改革就是搞活，对内搞活也就是对内开放，实际上都叫开放政策"③，此处是从广义层面理解"开放"概念，这里的"开放"包含"改革"和"搞活"内涵。从内涵交叉融合层面理解，"搞活"相当于狭义的"改革"，"经济搞活"④"对外开放和对内搞活经济"⑤，"搞活"一词的出现总是与"经济"一词相伴相随，从这种层面来说，"搞活"只是针对经济层面的改革，"对内经济搞活，改革经济体制"⑥，印证了"搞活"的指向。根据文本研究发现，"改革""开放"的概念使用更加灵活，在一定程度上二者的内涵可以是包含或相等的关系。因此，在"改革开放"概念确立的过程中，"改

---

① 《邓小平文选》（第三卷），人民出版社1993年版，第110页。
② 《邓小平文选》（第三卷），人民出版社1993年版，第199页。
③ 《邓小平文选》（第三卷），人民出版社1993年版，第98页。
④ 《邓小平文选》（第二卷），人民出版社1994年版，第362页。
⑤ 《邓小平文选》（第二卷），人民出版社1994年版，第402页。
⑥ 《邓小平文选》（第三卷），人民出版社1993年版，第99页。

革"与"开放"是两个深相融合的概念，"改革开放"概念
的制度化过程完成后，"改革"与"开放"的概念更加明确，
并且不断根据实践发展赋予其内涵时代特色。通过相关语词
的梳理和辨析可以发现，改革和开放都具有革命性的意义。

　　将改革开放视为中国的第二次革命，既凸显了改革开放在
中国实现了根本性变革，也极大丰富了社会革命的内涵，摆脱
了将社会革命等同于阶级斗争或暴力革命的观念，使得人们对
社会革命的认识更加全面，实现了解放思想和统一思想的高度
统一。在强调解放思想推动改革开放的过程中，党也高度重视
坚守原则确保方向不偏。改革开放之初，邓小平同志就在党的
理论工作务虚会上发表了《坚持四项基本原则》讲话，明确了
改革开放的原则方向。党的十三大进一步将社会主义初级阶段
的基本路线概括为"一个中心，两个基本点"，深刻阐明了经
济建设、改革开放、基本原则之间的辩证关系，为经济快速发
展、社会长期稳定、党的长期执政、国家长治久安提供了政治
共识和思想基础。在这一过程中，中国共产党人坚持将马克思
主义基本原理与中国改革开放的具体实际结合起来，先后形成
了邓小平理论、"三个代表"重要思想、科学发展观等马克思
主义中国化的理论成果，建构起了中国特色社会主义理论体系，
成为这一时期概括社会革命经验、揭示内在规律的思想集成。

（二）不断推进体制机制深度改革

随着生产力的发展，不断对生产关系和上层建筑进行调整和改革，是社会发展的必然要求，是马克思主义社会革命理论的基本观点，也是中国共产党人完成自身历史使命的自觉追求。中国共产党人始终坚持唯物史观和唯物辩证法，在致力于大力解放和发展生产力的同时，不断对生产关系和上层建筑进行改革和调整。从党的十一届三中全会到党的十八大，行政体制改革始终没有停止，我国分别在1982年、1988年、1993年、1998年、2003年、2008年进行了六次国务院机构改革。行政改革基本取向是降低行政成本和提高行政效率，通过进一步转变政府职能建构起服务型政府。党的领导制度和机构职能的改革，有效维护党的长期执政地位，不断提高党的领导水平和执政能力。我国通过对上层建筑进行适时改革与调整，推动了党和国家领导制度的改革和完善，打破了过去长期以来单一公有制结构形式，逐步建立起了公有制为主体、多种所有制经济共同发展的所有制结构，探索建立了按劳分配为主体、多种分配方式并存的分配制度，充分发挥政府宏观调控和市场配置资源的优势，建立并不断健全了社会主义市场经济体制。

这一时期我国的体制机制改革呈现出阶段性特征，突显了社会革命的历时性演进和阶段特征。第一阶段是改革酝酿与启动阶段，时间维度是 1978 年党的十一届三中全会到 1982 年党的十二大，以邓小平同志在中央经济工作会议上发表并在党的十一届三中全会加以确认的《解放思想，实事求是，团结一致向前看》的讲话，以及 1980 年 8 月 18 日邓小平同志在中共中央政治局扩大会议上所作的《党和国家领导制度的改革》重要讲话为标志，这一时期的思想解放推动了政治体制改革，尤其是邓小平同志阐释了政治体制改革的必然性、重要性以及标准、目标等，并深刻批判了党政不分、以党代政的现象和弊端，以及提出"设顾问委员会是废除领导职务终身制的过渡办法"①等；第二阶段是改革筹划与实施阶段，时间维度是 1982 年党的十二大至 1989 年党的十三届四中全会，以党的十二大报告、邓小平同志在党的十二大上的开幕词、1986 年邓小平同志集中阐释政治体制的系列讲话、1987 年 10 月党的十二届七中全会通过的《政治体制改革总体设想》和党的十三大报告为主要标志，对中国政治体制进行了深入探索和制度改革；第三阶段是改革转型与调适阶段，时间维度是 1989 年党的十三届四中全会至 2002 年党的十六大，在总结历史正反两方面经验的基础上，提出了更加现实的政治体制改革方案，尤其是 1997 年党的十五大提出依法治国基本方略和建设社会主义法治国家的目

---

① 《邓小平文选》（第二卷），人民出版社 1994 年版，第 413 页。

标，并在 1999 年写入宪法，同时在进一步认识党的性质基础
上提出坚持党的领导、人民当家作主与依法治国有机统一的
原则；第四阶段是改革诉求凸显与渐进改革阶段，时间维度
是 2002 年党的十六大至 2012 年党的十八大，社会主义市场
经济体制向纵深发展和全方位开放格局的形成，以及新的经
济形态、交往形式、参与方式的深刻变革，对政治体制改革
提出了更加迫切的要求。经过长期的制度体制改革，有效消
除了生产力发展的束缚和禁锢，推动了中国生产力和综合国
力的快速发展。

改革开放和社会主义现代化建设新时期，我国的体制机制
改革始终注重坚持正确方向。共产党是无产阶级的政治代表，
是其先锋队组织，国家政权的属性是由执政政权的阶级属性决
定的，保持社会主义性质必然坚持无产阶级专政，必然坚持共
产党的领导。这在国际共产主义运动中有正反两方面的经验，
这种对比也恰恰是中国党政体制调适具有强大时代适应性的原
因所在。面对"文革"重大挫折对政治体制进行反思改革，是
在坚持党的领导原则的基础上进行的，1979 年，邓小平同志就
提出"四项基本原则"问题，这种原则坚守也是一种优势。改
革开放和社会主义现代化建设新时期，我们在推进制度体制改
革的同时，始终将加强和改善党的领导、发挥社会主义优越性
作为重要目标和前提，从而始终保持改革的正确方向，牢牢把

握中国改革开放的主导权、自主权和领导权。

（三）开辟中国特色社会主义道路

中国特色社会主义道路是在特定的世情、国情、党情背景下开创的，蕴含着深刻的历史逻辑、理论逻辑和实践逻辑。20世纪和21世纪之交的世界局势发生了根本性变革，社会主义和资本主义都发生了深度变化，经济全球化深入发展，世界多极化趋势渐强，世界社会主义遭遇严重挫折，但中国特色社会主义充满生机活力，霸权主义、强权政治依然存在但和平与发展仍然是时代主题，高新科技的迅猛发展不仅改变了世界各国经济发展态势，还在重塑世界格局。尤其是20世纪80年代末90年代初，苏联解体、东欧剧变，国际格局发生大震动和世界秩序进行大调整的背景下，世界社会主义运动事业遭遇严重挫折，社会主义的阵地被极大地压缩和侵蚀。这不仅给中国带来一定的困扰，还直接影响到我们对自身与世界关系的深刻思考和重新定位。在这种时代背景下，中国共产党人对世界局势和自身发展作出了科学判断，认为和平与发展是时代主题，立足世界发展局势谋求自身的快速发展和接续推进国内的改革是可能的。特别是在21世纪初，我们进一步提出了"重要战略机遇期"的概念，对科学处理中国与世界、改革与开放的关系提供了重要指引。

中国特色社会主义道路的开辟是中国社会革命的重要成果，也是接续推进新的社会革命的坚实基础。独特的历史经验塑造了独特的发展道路。独特的文化传统，独特的历史命运，独特的国情，注定了中国必然走适合自己特点的发展道路。中国特色社会主义道路是将改革开放以来党推进社会革命的正确实践进行政治确认和高度肯定的结果，在这个过程中，中国共产党人坚持解放思想、实事求是、与时俱进、求真务实，推动了马克思主义的中国化时代化，指引中国社会革命取得了新的历史成就。中国特色社会主义理论体系对改革开放和社会主义现代化建设新时期的社会主要矛盾进行了明确界定和系统分析，进而指明了党和国家的中心任务。1981年，党的十一届六中全会通过的历史决议对我国社会主要矛盾做了规范表述："在社会主义改造基本完成以后，我国所要解决的主要矛盾，是人民日益增长的物质文化需要同落后的社会生产之间的矛盾。"①邓小平理论、"三个代表"重要思想和科学发展观都坚持这一判断，并由此认为，我国正处于并将长期处于社会主义初级阶段。在这一时期，系统回答了"什么是社会主义、怎样建设社会主义""建设什么样的党、怎

①《十一届三中全会以来重要文献选读》（上册），人民出版社1987年版，第345页。

样建设党""实现什么样的发展、怎样发展"等重大时代课题，明确了改革开放和社会主义现代化建设新时期党的主要任务是，继续探索中国建设社会主义的正确道路，解放和发展社会生产力，使人民摆脱贫困、尽快富裕起来。概言之，就是解决挨饿问题、体现民族自尊、实现国家自强。

历史和实践证明，改革开放是党的一次伟大觉醒，是中国人民和中华民族发展史上一次伟大革命。"改革开放和社会主义现代化建设的伟大成就举世瞩目，我国实现了从生产力相对落后的状况到经济总量跃居世界第二的历史性突破，实现了人民生活从温饱不足到总体小康、奔向全面小康的历史性跨越，推进了中华民族从站起来到富起来的伟大飞跃。"① 这一时期，党和政府紧紧依靠人民群众，旗帜鲜明地制止动乱，坚定捍卫了社会主义国家政权，维护了社会主义制度根基和人民群众的根本利益、整体利益与长远利益，并以实践成效、制度优势、理论创新有力驳斥和否定了"历史终结论""中国崩溃论"等错误论调，以高度的政治智慧化解了一系列危机和困难，有力地确保了中国特色社会主义发展方向。中国特色社会主义理论体系的诞生在世界社会主义发展史上具有突破意义。改革开放是决定当代中国前途命运的关键一招，

---

① 《中共中央关于党的百年奋斗重大成就和历史经验的决议》，人民出版社2021年版，第22页。

中国特色社会主义道路是指引中国发展繁荣的正确道路，中国大踏步赶上了时代，证明了苏联解体只是苏联模式的失败，而不是社会主义制度的失败。中国改革开放的长期发展、中国特色社会主义道路的开辟，不仅具有中国意义，而且深刻改变了世界社会主义的发展态势，有力回击了各种唱衰中国、唱衰社会主义的论调，推动了国际政治经济秩序向着更加公正合理的方向变革与演进。

四、新时代伟大社会革命具有崭新内涵

党的十八大标志着中国特色社会主义进入新时代，这是接续推进中国伟大社会革命的时代。党接续推进伟大社会革命的任务就是，实现第一个百年奋斗目标，开启实现第二个百年奋斗目标新征程，朝着实现中华民族伟大复兴的宏伟目标继续前进。中国特色社会主义新时代以来，党和国家开展了一系列深层次、根本性的变革，取得了一系列全方位、开创性的成就，丰富了伟大社会革命的时代内涵，彰显了新时代中国特色社会主义的革命性本质。

（一）在全面深化改革中坚持和发展中国特色社会主义

纵观国内外局势，世界百年未有之大变局加速演进，世界社会主义运动态势正从低潮走向复兴，中华民族伟大复兴的历史进程不可逆转，中国特色社会主义在新时代进行了创新性实践，中国式现代化道路和人类文明新形态令世人瞩目，"中国奇迹"、"中国之治"、中国方案、中国智慧吸引世界各国关注，中国共产党成为世界第一大执政党并面临着诸多新的时代课题。如何在这种大时代背景下，全面系统科学推动中国的伟大社会革命，成为摆在中国共产党人面前的一个重大课题。

中国特色社会主义进入新时代，以习近平同志为核心的党中央坚持辩证唯物主义和历史唯物主义，对新时代的伟大社会革命进行科学阐释和战略布局。2013 年 12 月 3 日，习近平总书记在十八届中央政治局第十一次集体学习时就明确指出，"社会基本矛盾总是不断发展的，所以调整生产关系、完善上层建筑需要相应地不断进行下去"[1]，同时，他强调"只有既解决好生产关系中不适应的问题，又解决好上层建筑中不适应的问题，这样才能产生综合效应"[2]。党的十八大以来，我们党注

---

①《习近平关于协调推进"四个全面"战略布局论述摘编》，中央文献出版社 2015 年版，第 75 页。

②《习近平关于协调推进"四个全面"战略布局论述摘编》，中央文献出版社 2015 年版，第 76 页。

重改革的系统性、整体性、协同性，统筹推进重要领域和关键环节改革。2013 年，党的十八届三中全会通过的《中共中央关于全面深化改革若干重大问题的决定》指出，"全面深化改革的总目标是完善和发展中国特色社会主义制度，推进国家治理体系和治理能力现代化"，明确了改革目标和党政关系调适的标准，并强调以党的建设增强党的领导，"紧紧围绕坚持党的领导、人民当家作主、依法治国有机统一深化政治体制改革"①。2014 年，党的十八届四中全会通过的《中共中央关于全面推进依法治国若干重大问题的决定》强调，"党的领导是中国特色社会主义最本质的特征"②，并强调了党的主张和推荐人员要经过法定程序成为国家意志与领导人员，以及通过政权机关实现对国家与社会的领导。党的十九大后进一步深化党和国家领导机构改革，推动了中国特色社会主义制度的成熟定型，我们党领导人民进行伟大社会革命，涵盖领域的广泛性、触及利益格局调整的深刻性、涉及矛盾和问题的尖锐性、突破体制机制障碍的艰巨性、进行伟大斗争形势的复杂性，都是前所未有的。2018 年，党的十九届三中全会通过的《中共中央关于深化党和国家机构改革的决定》指出，"深化党和国家机构改革，目标

①《十八大以来重要文献选编》（上），中央文献出版社 2014 年版，第 512 页。
②《十八大以来重要文献选编》（中），中央文献出版社 2016 年版，第 157 页。

是构建系统完备、科学规范、运行高效的党和国家机构职能体系",其中包括"形成总揽全局、协调各方的党的领导体系"和"职责明确、依法行政的政府治理体系"①。党的二十大从重大原则的角度进一步强调,"深入推进改革创新,坚定不移扩大开放,着力破解深层次体制机制障碍,不断彰显中国特色社会主义制度优势,不断增强社会主义现代化建设的动力和活力,把我国制度优势更好转化为国家治理效能"②。

党的十八大以来,以习近平同志为核心的党中央,以伟大的历史主动精神、巨大的政治勇气、强烈的责任担当,统筹国内国际两个大局,贯彻党的基本理论、基本路线、基本方略,统揽伟大斗争、伟大工程、伟大事业、伟大梦想,坚持稳中求进工作总基调,出台一系列重大方针政策,推出一系列重大举措,推进一系列重大工作,战胜一系列重大风险挑战,解决了许多长期想解决而没有解决的难题,办成了许多过去想办而没有办成的大事,推动党和国家事业取得历史性成就、发生历史性变革。在这一过程中,习近平总书记坚持系统观念,科学运用历史思维、战略思维、辩证思维、创新思维、底线思维、

---

① 《中共中央关于深化党和国家机构改革的决定》,人民出版社 2018 年版,第 6 页。
② 习近平:《高举中国特色社会主义伟大旗帜 为全面建设社会主义现代化国家而团结奋斗——在中国共产党第二十次全国代表大会上的报告》,《人民日报》2022 年 10 月 26 日第 1 版。

法治思维，从理论与实践、历史与现实、中国与世界的复杂关系中，对关系新时代党和国家事业发展的一系列重大理论和实践问题进行了深邃思考和科学判断，就新时代坚持和发展什么样的中国特色社会主义、怎样坚持和发展中国特色社会主义，建设什么样的社会主义现代化强国、怎样建设社会主义现代化强国，建设什么样的长期执政的马克思主义政党、怎样建设长期执政的马克思主义政党等重大时代课题，提出一系列原创性的治国理政新理念新思想新战略，是习近平新时代中国特色社会主义思想的主要创立者。习近平新时代中国特色社会主义思想是当代中国马克思主义、二十一世纪马克思主义，是中华文化和中国精神的时代精华，实现了马克思主义中国化时代化新的飞跃。

（二）立足全面小康接续推进社会主义现代化强国建设

中国式现代化道路是党领导人民进行伟大社会革命的重要成果。党的二十大报告明确指出，"中国式现代化，是中国共产党领导的社会主义现代化，既有各国现代化的共同特征，更有基于自己国情的中国特色"①，深刻指明了中国式现代化的独特内涵和本质特征，中国共产党的领导是中国式现代化成功开辟和不断拓展的根本保证。进入新时代，中国在伟大社会革命中推进社会主义现代化取得了跨越式发展，在中国式现代化道路上逐渐实现了从跟跑、并跑到领跑的跨越。党的十八大以来，我们接续推进伟大社会革命，打赢了脱贫攻坚战，实现了第一个百年奋斗目标，顺利开启了实现第二个百年奋斗目标的新征程，我国的生产力水平实现了较大提升，中国特色社会主义制度逐渐成熟定型，"中国奇迹"和"中国之治"令世界瞩目、引各国关注。在新时代的伟大社会革命进程中，党和国家事业取得历史性成就、发生历史性变革，充分彰显了中国特色社会主义的强大生机活力。

党的十九大对我国社会主义现代化建设作出了新的战略安排，明确了基本实现现代化和全面实现现代化的战略任务，党的二十大进一步明确了这一战略安排，并对未来五年的工作进行整体部署。2021 年 2 月 25 日，习近平总书记在全国脱贫攻坚总结表彰大会上庄严宣告："经过全党全国各族人民共同努力，在迎来中国共产党成立一百周年的重要时刻，我国脱贫攻

---

① 习近平：《高举中国特色社会主义伟大旗帜 为全面建设社会主义现代化国家而团结奋斗——在中国共产党第二十次全国代表大会上的报告》，《人民日报》2022 年 10 月 26 日第 1 版。

坚战取得了全面胜利，现行标准下 9899 万农村贫困人口全部脱贫，832 个贫困县全部摘帽，12.8 万个贫困村全部出列，区域性整体贫困得到解决，完成了消除绝对贫困的艰巨任务，创造了又一个彪炳史册的人间奇迹！"①2021 年 7 月 1 日，习近平总书记在庆祝中国共产党成立 100 周年大会庄严宣告："经过全党全国各族人民持续奋斗，我们实现了第一个百年奋斗目标，在中华大地上全面建成了小康社会，历史性地解决了绝对贫困问题，正在意气风发向着全面建成社会主义现代化强国的第二个百年奋斗目标迈进。"②

我们不仅在社会主义现代化建设中形成了中国式现代化道路，而且创造了人类文明新形态，拓展了发展中国家走向现代化的途径，给世界上那些既希望加快发展又希望保持自身独立性的国家和民族提供了全新选择。中国的发展离不开世界，世界的发展更加需要中国。随着中国综合国力的增强、国际地位的提高、国际话语权的提升，中国的伟大社会革命越来越具有世界意义和全球价值。面对世界变局和世纪疫情，"开放还是封闭，前进还是后退，人类面临着新的重大

---

① 习近平：《在全国脱贫攻坚总结表彰大会上的讲话》，《人民日报》2021 年 2 月 26 日第 2 版。
② 习近平：《在庆祝中国共产党成立 100 周年大会上的讲话》，《人民日报》2021 年 7 月 2 日第 2 版。

抉择"①。伴随着新冠疫情发生，出现了一些关于全球化发展与逆全球化趋势的争论。并且，贸易保护主义、孤立主义、民粹主义等思潮不断抬头，世界和平与发展面临的挑战越来越严峻。这也启示我们，"百年未有之大变局"的内涵在不断演变与充实，我们应当在坚定政治定力和制度自信的基础上，进一步提升应对危机、治理危机的能力，并以大国担当和使命意识为世界共同发展贡献中国力量。进入新时代，中国共产党坚持政治定力、发展定力、战略定力，一以贯之坚持改革开放，既注重推进全面深化改革向纵深发展，又强调不断扩大对外开放，从而形成更大范围、更宽领域、更深层次对外开放格局；既注重不断提高中国人民的获得感、幸福感、安全感，又强调构建人类命运共同体，推动全球实力秩序变革，弘扬全人类共同价值，实现世界各国和平、发展、合作、共赢。

（三）实现中华民族伟大复兴进入不可逆转的历史进程

中华民族伟大复兴是伟大社会革命在民族发展层面的体现。民族独立、人民解放和国家富强、人民幸福，是近代以来

---

① 习近平：《开放共创繁荣 创新引领未来——在博鳌亚洲论坛 2018 年年会开幕式上的主旨演讲》，《人民日报》2018 年 4 月 11 日第 3 版。

中国人民和中华民族的两大历史任务，我们已经完成了第一个历史任务，第二个历史任务也在社会革命的接续推进中取得了实质性进展。中华民族伟大复兴是在中国发展中逐步推进的，中国特色社会主义进入新时代，中华民族伟大复兴在世界百年未有之大变局中进入了新的发展阶段。习近平总书记在庆祝中国共产党成立100周年大会上指出："一百年来，中国共产党团结带领中国人民进行的一切奋斗、一切牺牲、一切创造，归结起来就是一个主题：实现中华民族伟大复兴。"[1]从中国共产党诞生到新中国成立，从新中国成立到改革开放，从改革开放到中国特色社会主义新时代，中华民族迎来了从站起来、富起来到强起来的伟大飞跃，取得了历史性成就，这都是党领导人民接续进行伟大社会革命的成果。

新时代中华民族伟大复兴与全面建设社会主义现代化强国具有高度统一性，我们通过接续推进伟大社会革命，实现了理论创新、实践创新、制度创新、文化创新和各方面创新，为实现中华民族伟大复兴提供了更为完善的制度保证、更为坚实的物质基础、更为主动的精神力量。当前我国的生产力水平已经取得了很大提高，要求我们基于生产力的发展要求和趋势，不断变革生产关系，不断调整上层建筑，推进中国特色社会主义

---

[1] 习近平：《在庆祝中国共产党成立100周年大会上的讲话》，《人民日报》2021年7月2日第2版。

制度成熟定型，逐步实现国家治理体系和治理能力现代化。在中华民族伟大复兴的关键时期，党充分认识到"实践发展永无止境，解放思想永无止境，改革开放也永无止境，停顿和倒退没有出路，改革开放只有进行时、没有完成时。面对新形势新任务，我们必须通过全面深化改革，着力解决我国发展面临的一系列突出矛盾和问题，不断推进中国特色社会主义制度自我完善和发展"[①]，停顿和倒退没有出路，必须以更大的政治勇气和智慧推进全面深化改革，敢于啃硬骨头，敢于涉险滩，突出制度建设，注重改革关联性和耦合性，真枪真刀推进改革，有效破除各方面体制机制弊端。从确立全面深化改革的总目标、战略重点、优先顺序、主攻方向、工作机制、推进方式和时间表、路线图，到经济体制、政治体制、文化体制、社会体制、生态文明体制、国防和军队改革和党的建设制度的系统改革，新时代的伟大社会革命实现了从局部探索、破冰突围到系统集成、全面深化的转变，为中华民族伟大复兴注入了强劲动力。

纵观党史、新中国史、改革开放史、社会主义发展史、中华民族发展史，可以发现，中国共产党的自身建设不仅关系到党的前途命运，而且关系到国家富强、民族振兴、人民幸福的中国梦的实现进程。概言之，党的自我革命与伟大社会革命具

---

① 《习近平谈治国理政》（第一卷），外文出版社 2018 年版，第 71 页。

有本质一致性，体现了党的主张、国家意志、人民意愿的高度统一，体现了中国共产党的领导在整个国家制度体系中的首要地位，体现了中国共产党的领导是中国最大的国情、中国特色社会主义最本质的特征、中国特色社会主义制度的最大优势。习近平总书记深刻指出，"我们党只有在领导改革开放和社会主义现代化建设伟大社会革命的同时，坚定不移推进党的伟大自我革命，敢于清除一切侵蚀党的健康肌体的病毒，使党不断自我净化、自我完善、自我革新、自我提高，不断增强党的政治领导力、思想引领力、群众组织力、社会号召力，才能确保党始终保持同人民群众的血肉联系"①。历史和实践充分证明，办好中国的事情，关键在党，关键在党要管党、全面从严治党。

———————————

① 《习近平关于"不忘初心、牢记使命"论述摘编》，党建读物出版社、中央文献出版社 2019 年版，第 174 页。

第四章

伟大社会革命的中国经验与世界意义

中国的伟大社会革命积累了丰富的宝贵经验，这些历史经验是中国社会革命实践淬炼的认识结果，是马克思主义社会革命理论同中国具体实际和中华优秀传统文化相结合的宝贵成果。这些社会革命经验的价值，对中国和世界都具有深刻意义。尤其是中国式现代化道路的开创和人类文明新形态的形成，为人类社会的发展提供了一种新的可能和路径。党的二十大报告指出，"中国式现代化的本质要求是：坚持中国共产党领导，坚持中国特色社会主义，实现高质量发展，发展全过程人民民主，丰富人民精神世界，实现全体人民共同富裕，促进人与自然和谐共生，推动构建人类命运共同体，创造人类文明新形态"[①]，深刻表明了中国式现代化与世界现代化、中国发展与世界发展之间的紧密关系。

---

① 习近平：《高举中国特色社会主义伟大旗帜　为全面建设社会主义现代化国家而团结奋斗——在中国共产党第二十次全国代表大会上的报告》，《人民日报》2022 年 10 月 26 日第 1 版。

一、伟大社会革命淬炼了宝贵中国经验

中国伟大社会革命的历史和实践证明，办好中国的事情，关键在党，坚持和加强党的领导，既是原则要求，也是历史必然；人民群众是历史的创造者，密切联系群众是我们党的最大政治优势，脱离群众是党执政后的最大危险；方向决定道路，道路决定命运，社会主义既彻底改变了中国的命运，也深刻影响了世界历史的发展进程；创新是始终保持生机活力的动力源泉，党以高度的理论、制度、实践以及各方面的创新自信推动中国实现了历史性变革；道路自主和战略定力对于一个国家和民族来说至关重要，只有始终保持独立自主的能力才能牢牢掌握自身发展的主动权。

（一）坚强核心：办好中国的事情关键在党

"中国共产党是什么、要干什么"这个根本问题，是深刻认知近代以来中国伟大社会革命的重要线索和内在逻辑。党的领导是中国特色社会主义最本质的特征，这是对百余年来党领导革命、建设、改革经验的高度总结和对历史发展规律的深刻揭示。中国共产党自成立以来，之所以能够领导人民开创伟大革命的历史伟业，是因为中国共产党始终保持自身的先进性、纯洁性，不断提高自身建设的科学化水平，有效提升领导能力和执政水平，牢牢把握无产阶级领导权。全面认识中国共产党的属性与原则、特点与优势，是我们增进政党认知、形成政党认同、强化政党自信的内在要求，也是展现中国共产党的政党形象、促进政党交流、推进文明互鉴的客观需要。立足新时代新发展阶段的趋势与要求，在百余年党史学习中要全面认识党的多样特性和多维优势，全面客观理解和认知百余年来中国共产党发展壮大的历史逻辑，坚持理论武装同常态化长效化开展党史学习教育相结合，引导党员干部不断学史明理、学史增信、学史崇德、学史力行。

1. 中国共产党是一个马克思主义政党

中国共产党是一个始终将马克思主义作为自身指导思想的政党。党的政治属性决定了党要坚持科学的社会革命理论，这种理论就是马克思主义。中国共产党的诞生就是马克思主义与中国工人运动相结合的产物，在党的领导下开创了无产阶级革命的中国形态。这种结合是历史发展的必然选择，也是中国人民在经历了诸多的尝试、探索之后的抉择，选择了将马克思主义和中国共产党深度结合在一起。改变近代中国的命运，不仅需要科学的思想理论，而且需要强有力的现实力量，中国共产党就是将这两种关键因素进行整合的核心主体。百余年来，中国共产党不仅将坚持马克思主义作为重要的政治原则，而且推动了马克思主义在意识形态领域指导地位的制度化，逐渐形成了根本文化制度，为国家的改革发展稳定提供了制度基础。与此同时，以中国化时代化的马克思主义开辟马克思主义发展的新境界，形成了马克思主义的中国形态、中国表达、中国话语。正如习近平总书记指出，"我们党是用马克思主义武装起来的政党，始终把为中国人民谋幸福、为中华民族谋复兴作为自己的初心和使命，并一以贯之体现到党的全部奋斗之中"①。

始终保持马克思主义政党的政党属性，要在不断回答重大时代课题中进行。中国共产党为什么能、马克思主义为什么行、中国特色社会主义为什么好这三个问题是密切联系在一起的。中国共产党为什么能，中国特色社会主义为什么好，归根到底是马克思主义行，是中国化时代化的马克思主义行。回答这些问题的契合点就在于中国共产党的历史使命、马克思主义的理想追求和中国特色社会主义的发展目标都指向人民的根本利益。"为什么人、靠什么人的问题，是检验一个政党、一个政权性质的试金石。"②中国共产党始终坚持"为中国人民谋幸福，为中华民族谋复兴"的初心使命，人民性是马克思主义最鲜明

---

① 《习近平谈治国理政》（第三卷），外文出版社 2020 年版，第 530 页。
② 《习近平谈治国理政》（第三卷），外文出版社 2020 年版，第 520 页。

的品格，而中国特色社会主义在发展过程中始终坚持"以人为本""以人民为中心""人民至上"的原则、理念与思想。这充分表明这三个重大问题的回答要深刻把握其根本所在。新时代不断推进马克思主义政党的建设，要确保党的各个组织和全体党员始终坚持党性立场和人民立场，切实将民心作为最大的政治，切实守护好人民的心。人民就是江山，共产党打江山、守江山，守的是人民的心，为的是让人民过上好日子。我们党的百年奋斗史就是为人民谋幸福的历史。

2. 中国共产党是一个长期执政的政党

中国共产党的长期执政地位是在漫长的历史实践中选择和确认的。"我们党在革命性锻造中坚定走在时代前列，始终是中国人民和中华民族的主心骨！"① 从阶级属性上来讲，中国共产党是一个无产阶级政党，但在不同国家和民族，因无产阶级革命进程的差异，存在执政与非执政的区别；在执政的无产阶级政党中，也存在长期执政的无产阶级政党和短期执政的无产阶级政党的区别；由于执政区域的差异，还出现了局部执政和全国执政的差异。中国共产党对自身"长期执政"的定位，不仅是对七十多年来长期执掌政权客观事实的描述，而且是对党自身的使命担当的一种主观自觉要求。中国共产党完成自身

---

① 习近平：《在庆祝改革开放 40 周年大会上的讲话》，《人民日报》2018 年 12 月 19 日第 2 版。

的历史使命是一个长期的过程，要在科学掌握人民政权的基础上实现好、维护好、发展好最广大人民的根本利益，满足人民群众日益增长的美好生活需要。

　　始终保持党的长期执政地位就要不断夯实党的群众基础，增强党的执政能力，提升党的领导水平。从组织形态层面来讲，既要推进党的各个组织的执政能力建设，通过提升组织的先进性和纯洁性，形成整合性、集成性的执政能力建设；又要增强党员干部的执政能力，坚持抓"关键少数"和管"绝大多数"相结合，特别是要科学提升党员领导干部的政治判断力、政治领悟力、政治执行力，促进党委制度、党组制度、党管干部制度、党管人才制度等协调联动；从党群关系层面来讲，要立足新时代新阶段社会主要矛盾的转化及其阶段性表现形式和特点，建构新型的党群关系，将党的长期执政能力建设与人民群众对美好生活的需要进行高度匹配。正如习近平总书记以"四个不容易"告诫全党，"功成名就时做到居安思危、保持创业初期那种励精图治的精神状态不容易，执掌政权后做到节俭内敛、敬终如始不容易，承平时期严以治吏、防腐戒奢不容易，重大变革关头顺乎潮流、顺应民心不容易"①。这是对长期执政党的政治现实和未来期许的一种高度警醒，体现了深刻的忧患意识

---

① 《习近平谈治国理政》（第三卷），外文出版社 2020 年版，第 71 页。

和自觉意识。

3. 中国共产党是一个自我革命的政党

自我革命是中国共产党守正创新的内在精神动力。中国共产党成立百余年来，始终坚持自我净化、自我完善、自我革新、自我提高的精神，尤为重要的是，党无论是在成立初期还是在成熟时期，都始终秉承坚持真理、纠正错误的原则，以实事求是的方法自觉审视自身成长与革命进程之间的关系，通过不断提升政党本领才实现了从开天辟地到改天换地再到翻天覆地的巨大变化，也迎来了中华民族从站起来、富起来到强起来的伟大飞跃。正是基于这种政治实践，我们才得出了"勇于自我革命，从严管党治党，是我们党最鲜明的品格"[1]的结论。自我革命不仅是中国共产党区别于资产阶级政党的重要标志，也是中国共产党区别于其他无产阶级政党的鲜明特质。中国共产党作为一个长期执政的马克思主义政党，坚持自我革命是其内在要求。正如习近平总书记指出，"越是长期执政，越不能丢掉马克思主义政党的本色，越不能忘记党的初心使命，越不能丧失自我革命精神"[2]。长期执政需要党不断地克服各种惰性、惯性，增强自身的弹性、韧性和可塑性，如此才能永葆生机活力。与此同时，中国共产党的自我革命精神具有显著和独特的"溢出

---

[1]《习近平谈治国理政》（第三卷），外文出版社2020年版，第20页。
[2]《习近平谈治国理政》（第三卷），外文出版社2020年版，第529页。

效应"，由于中国共产党在中国特色社会主义事业中居于领导核心位置，领导党的自我革命推动伟大社会革命，中国人民勇于艰苦奋斗，坚持守正创新，不断完善中国特色社会主义道路、理论、制度和文化，不断革除阻碍发展的各方面体制机制弊端，充分彰显了"中国之制"的内在优势与治理效能。

（二）强大主体：坚持群众观点和群众路线

人民就是江山，共产党打江山、守江山，守的是人民的心，为的是让人民过上好日子。我们党的百年奋斗史就是为人民谋幸福的历史。这进一步阐明了党与人民之间的关系，为新时代治国理政提供了价值指向。

1. 人民是江山，江山是人民

中国共产党是一个始终坚持植根人民和服务人民的政党。政党政治是当今世界运行的基本形式，除了极少数国家外，各国都存在至少一个政党，这种普遍现象决定了政党在各国发展与治理中的地位和作用。世界上存在诸多不同类型和属性的政党，而政党属性决定党与人民群众之间的关系，这种关系影响一个国家的发展和稳定，也关乎群众的获得感、幸福感、安全感。要判断政党的属性就要从政党的纲领中寻找答案。恩格斯说过："一个新的纲领毕竟总是一面公开树立起来的旗帜，而外界就根据它来判断这个党。"①中国共产党作为新型无产阶级政党，自其成立之初就高高举起马克思主义旗帜宣示了自身的目标，并确立了党与人民群众之间的血肉关系。"我是谁、为了谁、依靠谁"是一个政党所要回答的根本问题，对这些问题的回答关乎政党的性质，也决定政党的前途命运和兴衰成败。习近平总书记在党史学习教育动员大会上指出，"江山就是人民，人民就是江山，人心向背关系党的生死存亡"②。这是对党与人民群众关系的生动阐释，也指明了党赢得革命胜利、取得建设成就、获得改革发展的根本原因。

党始终保持马克思主义政党的鲜明本色。百余年来，党所取得的伟大历史成就是党领导广大人民开创的，新民主主义革命道路、社会主义革命道路、社会主义建设道路和中国特色社会主义道路的开创是近代中国历史发展的必然，是广大人民群众在个体觉醒、阶级觉醒和民族觉醒中的自觉创造。毛泽东同志强调"人民，只有人民，才是创造世界历史的动力"③，习近平总书记强调"人民是历史的创造者，是真正的英雄"④，这都是对历史实然的反映，也是对现实应然的要求。

---

①《马克思恩格斯文集》（第三卷），人民出版社2009年版，第415页。

②习近平：《在党史学习教育动员大会上的讲话》，《求是》2021年第7期。

③《毛泽东选集》（第三卷），人民出版社1991年版，第1031页。

④《十八大以来重要文献选编》（下），中央文献出版社2018年版，第344页。

新民主主义革命时期，人民群众筑起了铜墙铁壁，党在建构起坚强的统一战线的基础上，让革命对象陷入人民战争的汪洋大海之中，正如淮海战役胜利是靠老百姓用小车推出来的，渡江战役胜利是靠老百姓用小船划出来的，这些例证展现了人民群众的革命力量；社会主义革命和建设时期，人民群众用前所未有的热情投入百废待兴的社会主义事业建设之中，既奠定了中国发展的制度基础和政治基础，也建构起了比较完整的工业体系和国民经济体系，为中国式现代化发展提供了物质基础和丰富经验；改革开放和社会主义现代化建设新时期，亿万人民群众主演了改革开放这一幕历史伟剧。

2. 为人民执政，靠人民执政

中国共产党是一个始终坚持人民至上和执政为民的政党。"天下何以治？得民心而已！天下何以乱？失民心而已！"①党的十八大后，习近平总书记提出"民心是最大的政治"的重要论断，既反映了中华优秀传统文化的创造性转化和创新性发展，也反映了党对民心向背的高度重视。中国共产党作为马克思主义政党，将全心全意为人民服务作为自身的宗旨。中国共产党的历史就是党与人民命运与共的历史。1944年9月8日，中央警卫团在延安为在烧炭中牺牲的战士张思德举行追悼会，

① 习近平：《在第十八届中央纪律检查委员会第六次全体会议上的讲话》，《人民日报》2016年5月3日第2版。

毛泽东同志出席并就此发表了《为人民服务》的著名演讲，这篇演讲的发表在党内提出了为人民服务的思想。随后，党的七大把为人民服务写入了新修订的党章之中，并明确规定中国共产党人必须具有全心全意为中国人民服务的精神。新中国成立后，党将"人民"二字深刻熔铸到国家的政权建构和制度设计之中。改革开放和社会主义现代化建设新时期，邓小平同志把是否有利于提高人民的生活水平作为"三个有利于"之一，江泽民同志将全心全意为人民服务、立党为公、执政为民作为我们党同一切剥削阶级政党的根本区别，胡锦涛同志将以人为本、执政为民作为检验党一切执政活动的最高标准。进入新时代，习近平总书记进一步提出"以人民为中心"的发展思想，为新发展理念体系的理论建构和实践转化提供了价值基础。

党始终把人民幸福作为执政标准。中国共产党是一个长期执政党，这是区别于西方资本主义国家政党的一个重要标志，也是党审视解决改革发展稳定、内政外交国防、治党治国治军的重要起点。长期执政是政治基础，有效执政是治理诉求，党要坚持长期执政，就要解决好有效执政问题。解决好这一问题就要科学全面理性审视党的百余年历史，学习历史、感悟历史要坚持正确的历史观，中国共产党人始终坚持群众史观，就要始终坚持人民是创造历史的动力，人民是我们党执政的最大底气的观点。实现长期执政与有效执政的良性互动，在目标设定上，就要把人民对美好生活的向往始终作为我们党的奋斗目标；在政绩观念上，就要把为民造福作为最重要的政绩，充分认识到我们推动经济社会发展，归根到底是为了不断满足人民群众对美好生活的需要。在党群关系上，就要深刻认识到我们党要做到长期执政，就必须永远保持同人民群众的血肉联系，始终同人民群众想在一起、干在一起、风雨同舟、同甘共苦。

3.从群众中来，到群众中去

中国共产党是一个始终坚持群众观点和践行群众路线的政党。纵观百余年党史，我们可以发现党来自于人民，党的根基和血脉在人民，这是党的发展史中的实然现象，也是党进行自身建设时的立场要求。作为一个植根人民群众并服务于群众的百年大党，为人民而生，因人民而兴，始终同人民在一起，为人民利益而奋斗，是我们党立党兴党强党的根本出发点和落脚点。这种政党属性决定了处理好党群关系的重要性。要处理好党与群众的关系首先应当从认识论上厘清二者关系，百余年来，党取得重大历史成就的一个重要原因就是自身政策的科学性，而之所以制定出符合中国实际且行之有效的政策策略，就在于科学把握了认识与实践之间的关系，形成了科学的认识论，特别是善于从人民群众的广泛实践中汲取经验与智慧，将其转化为党发展成长的宝贵财富。毛泽东同志强调群众的意见和经验是党制定政策的基础，"只有做群众的学生才能做群众的先生"，

"如果把自己看作群众的主人，看作高踞于'下等人'头上的贵族，那末，不管他们有多大的才能，也是群众所不需要的，他们的工作是没有前途的"①。基于此，习近平总书记进一步强调群众路线是党的生命线和根本工作路线，是我们党永葆青春活力和战斗力的重要传家宝。

党始终坚持以百姓心为心。始终与人民同呼吸、共命运、心连心，是党的初心，也是党的恒心。正如毛泽东同志所说："我们共产党人好比种子，人民好比土地。我们到了一个地方，就要同那里的人民结合起来，在人民中间生根、开花。"②为此，就要把群众路线贯彻到治国理政全部活动之中。实现以百姓心为心要处理好以下几对关系：一是坚持尊重社会发展规律和尊重人民历史主体地位的一致性，特别是要处理好规律客观性和主体能动性之间的关系，在认识把握驾驭规律的基础上调动激发群众的主体性和创造性；二是为崇高理想奋斗和为最广大人民谋利益的一致性，特别是要处理好战略目标和现实诉求、终极目标和当前需要之间的关系，既要坚守初心使命，也要回应人民诉求；三是完成党的各项工作和实现人民利益的一致性，特别是要处理好长远利益与当前利益、根本利益与具体利益之

①《毛泽东选集》（第三卷），人民出版社1991年版，第864页。
②《建党以来重要文献选编（一九二———一九四九）》（第二十二册），中央文献出版社2011年版，第749页。

间的关系，注重解决人民群众的现实紧迫问题，接续提升群众的幸福感。切实在党的政治实践中做到永不脱离群众，实现与群众有福同享、有难同当，有盐同咸、无盐同淡。

（三）正确方向：只有社会主义才能救中国

旗帜决定方向，方向决定道路，道路决定命运。这是中国共产党在领导革命、建设和改革的历史进程中总结的宝贵历史经验。当代中国的方向就是中国特色社会主义方向。"在方向问题上，我们头脑必须十分清醒。我们的方向就是不断推动社会主义制度自我完善和发展，而不是对社会主义制度改弦易张"①，方向问题是发展的根本问题。方向问题属于事实判断的范畴，也属于价值判断的范畴，不仅关系到改革发展治理的成效问题，还关系到改革发展治理成果的归宿问题。

1. 方向问题关乎历史评价

中国特色社会主义方向问题的解决是在正确对待历史的基础上完成的。一切历史都是当代史，评价历史反映着现实选择。在社会主义阵营内部，中国的改革之所以能够取得前所未有的成就，其中一个根本性问题就是合理解决了历史问题。只有科

①《习近平关于协调推进"四个全面"战略布局论述摘编》，中央文献出版社2015年版，第53页。

学解决了"我们从哪里来"的问题，才能更好回答"现在在哪里""将到哪里去"的问题。几乎同一时期进行的苏联东欧国家的改革，之所以遭遇了一系列挫折甚至最终导致共产党执政地位的丧失，其中一个至关重要的问题就是矫枉过正，违背了社会主义的基本原则，尤其是放弃了共产党的领导地位和执政地位。

在发展方向问题上最为关键的一个问题就是改革前后三十年之间的关系问题。如何认识和判断社会主义在中国建设和改革历史中的连续性问题，是一个历史评价问题，也是一个现实选择问题。在党的十一届三中全会后，中央就着手起草了一份《关于建国以来党的若干历史问题的决议》，这一决议具有非凡的历史价值，避免了国际共产主义运动中的一些极端性否定性做法，而是真正坚持马克思主义实事求是的思想路线和辩证分析的科学方法，对最为重要的历史问题作出了科学评判。在全面深化改革的关键时期，习近平总书记指出"不能用改革开放后的历史时期否定改革开放前的历史时期，也不能用改革开放前的历史时期否定改革开放后的历史时期"[1]。改革开放前后三十年不能相互否定，这为认识和解决历史与现实之间的衔接问题提供了遵循，也为新时代凝聚改革共识提供了重要思想

---

[1]《习近平谈治国理政》（第一卷），外文出版社2018年版，第23页。

基础。历史问题关乎历史，更关乎现实。

2. 方向问题关乎现实实践

中国特色社会主义方向的坚守与否是以实践成效作为衡量标准的。中国的改革开放是从实践中走出来的，但中国的改革开放始终是在社会主义框架内进行的，这也是实践的宝贵经验。正如习近平总书记指出，"世界在发展，社会在进步，不实行改革开放死路一条，搞否定社会主义方向的'改革开放'也是死路一条"①，改革开放与社会主义是辩证统一的。中国特色社会主义不是其他什么主义，本质上就是科学社会主义，代表着社会主义的发展方向和前途。纵观世界社会主义发展史可以发现，背离社会主义发展方向的改革最终导致了失败，"社会主义失败论"曾一度甚嚣尘上；坚持社会主义发展方向的改革取得了显著成就，打破了"历史终结论"的判定。方向问题直接关系到社会主义实践的成效。

改革开放以来的党和国家文献中，旗帜鲜明始终是一个高频词。旗帜摇摆或者旗帜不明甚至旗帜不张都会招致思想混乱，而方向问题与旗帜问题密切相关。党的十二大以来，"中国特色社会主义"成为重要的政治话语。从党的十三大到党的二十大的报告都是以"中国特色社会主义"为主题，即使党的十二

---

① 《习近平关于协调推进"四个全面"战略布局论述摘编》，中央文献出版社2015年版，第53页。

大报告中没有出现这一明确表述，但邓小平同志在党的十二大开幕词中明确提出了这一重大命题。方向问题是涉及党和国家事业全局的重要问题，方向关系到实践的向度、效度和维度。向度问题是改革发展治理的首要问题，只有明确了向度才能通过资源整合实现奋斗目标。效度问题则体现着方向的科学性，改革开放四十多年实践成效充分验证了方向问题的重要性和正确性。维度问题是方向问题的延伸，社会主义方向决定了改革的范围、层次，跨越方向问题不仅会造成理论迷误，还会影响发展成效。

3. 方向问题关乎未来选择

方向问题贯穿改革开放始终，也贯穿社会主义现代化建设的始终。方向决定道路，道路决定命运，当下的实践是未来的历史，现实的成就是未来发展的前提。改革开放以来，中国共产党始终高度重视未来选择问题。在政治领域，提出坚持党的领导、人民当家作主和依法治国有机统一的政治发展道路，反复强调不搞西方的"议会制""多党制"等，坚持根据实际国情、文化传统、人民意志发展自己的政治文明；在经济领域，坚持发展和完善社会主义市场经济体制，始终以生产力的发展、综合国力的增强和人民需要的满足为参考系，避免自由主义和教条主义的干扰；在文化领域，坚持以科学的态度对待传统文化和外来文化，以高度的自信和自觉发展自身的中国特色社会主义文化；在社会领域，明确反对价值的形式化和权利的虚无化，保障人民权利的真实有效广泛，构建共建共治共享的基层治理格局；在生态领域，充分发挥后发优势，总结域内经验并借鉴域外方法，将生态文明建设放入现代化建设全局之中。

中国共产党始终高度重视方向问题对党和国家事业以及对国际层面的影响。习近平总书记强调，"当代中国的伟大社会变革，不是简单延续我国历史文化的母版，不是简单套用马克思主义经典作家设想的模板，不是其他国家社会主义实践的再版，也不是国外现代化发展的翻版"①，方向问题是对这四种发展模式的明确区分。我们强调继承传统文化，但更加强调对优秀传统文化的创造性继承与创新性发展；强调坚持马克思主义信仰，更为重要的是坚持把马克思主义作为方法和进一步研究的基础，而不是将其某些具体论断作为普遍性原则；强调学习其他社会主义国家的经验，但不是照搬模式，从"以俄为师"到"以苏为鉴"的转变，再到"中国特色"的探索深刻体现了对待传统社会主义的科学态度；强调学习发达国家现代化的一般经验和做法，更为重要的不是模仿而是超越，走出一条适合中国也具有一般意义的现代化新路径。方向问题本身也是道路问题。

---

① 《习近平谈治国理政》（第二卷），外文出版社 2017 年版，第 344 页。

旗帜问题、方向问题和道路问题是改革开放进程中极为重要的三个原则性问题，在党和国家的原则体系中居于关键位置，如何认识和处理这三个问题关系到改革开放、现代化建设和社会主义的前途命运。而长期以来对三者之间的相互关系研究尚未深入，中国特色社会主义基本问题相互关系的把握直接关系到如何认识改革开放及其成就、经验、方法等问题。从根本上来讲，"举什么旗、走什么路、以什么样的精神状态、担负什么样的历史使命、实现什么样的奋斗目标"①，这是贯穿改革开放全过程的根本性问题，也是决定当代中国前途命运的关键性问题。认识和解决这三个问题，既要深入分析其中的理论逻辑和实践逻辑，也要分析问题之间的相互关系，从而在历史、现实和未来的结合中深入总结改革开放的基本经验，为新时代坚持和发展中国特色社会主义提供科学指引。

（四）守正创新：推进理论实践制度的创新

中国共产党作为马克思主义执政党，是始终保持自我革命精神和领导伟大社会革命的政党。在百余年发展历程中，党基于自身的初心使命、政治品格、使命担当和自我革命精

---

① 《习近平谈治国理政》（第二卷），外文出版社 2017 年版，第 60 页。

神形成了创新型政党的自我定位，奠定了中国式现代化道路、开创人类文明新形态的必然性。进入新时代，中国共产党提出"建设学习型、服务型、创新型的马克思主义执政党"①的战略任务。习近平总书记在庆祝中国共产党成立 100 周年大会上指出，"我们坚持和发展中国特色社会主义，推动物质文明、政治文明、精神文明、社会文明、生态文明协调发展，创造了中国式现代化新道路，创造了人类文明新形态"②。守正创新的政党特质，激发了中国共产党进行理论创新、实践创新、制度创新和叙事创新的生机活力和不竭动力，提供了中国式现代化道路开创人类文明新形态的主体条件。

1. 始终坚持理论创新，接续创造思想成果

中国共产党作为一个创新型政党，理论创新是其创新性的重要体现。党的二十大报告明确指出，"我们从事的是前无古人的伟大事业，守正才能不迷失方向、不犯颠覆性错误，创新才能把握时代、引领时代。我们要以科学的态度对待科学、以真理的精神追求真理，坚持马克思主义基本原理不动摇，坚持党的全面领导不动摇，坚持中国特色社会主义不动摇，紧跟时代步伐，顺应实践发展，以满腔热忱对待一切新生事物，不断

---

① 《十八大以来重要文献选编》（上），中央文献出版社 2014 年版，第 544 页。
② 习近平：《在庆祝中国共产党成立 100 周年大会上的讲话》，《人民日报》2021 年 7 月 2 日第 2 版。

拓展认识的广度和深度，敢于说前人没有说过的新话，敢于干前人没有干过的事情，以新的理论指导新的实践"①。马克思主义作为真理性与价值性相统一的思想体系，从来都不是一成不变的固有教条，从来都不是停滞不前的既成体系，而是始终保持发展的思想体系。中国共产党在百余年发展历程中，既证明了马克思主义"行"，验证了马克思主义基本原理和科学方法的正确性；也在展现中国共产党"能"和中国特色社会主义"好"的过程中，丰富和发展了马克思主义的理论谱系，形成了中国化马克思主义的宝贵成果。尤其是在深刻回答中国之问、世界之问、人民之问、时代之问的过程中，形成了当代中国马克思主义、21世纪马克思主义，实现了马克思主义基本原理同中国具体实际相结合的又一次飞跃，也体现了马克思主义基本原理同中华优秀传统文化深度结合的鲜明特征。马克思主义思想体系的时代发展，体现了中国共产党守正创新的高度自觉，重新激发了世界社会主义的生机活力。"实践告诉我们，中国共产党为什么能，中国特色社会主义为什么好，归根到底是马克思主义行，是中国化时代化的马克思主义行。"②

① 习近平：《高举中国特色社会主义伟大旗帜　为全面建设社会主义现代化国家而团结奋斗——在中国共产党第二十次全国代表大会上的报告》，《人民日报》2022年10月26日第1版。
② 习近平：《高举中国特色社会主义伟大旗帜　为全面建设社会主义现代化国家而团结奋斗——在中国共产党第二十次全国代表大会上的报告》，《人民日报》2022年10月26日第1版。

中国共产党领导的理论创新实现了多维拓展。马克思主义中国化是一个双向互动的过程，一方面，体现为将马克思主义的基本原理用以解决中国革命、建设、改革中的实际问题，特别是将辩证唯物主义和历史唯物主义的科学方法论转化为政党治理、国家治理、社会治理、基层治理的可行方案；另一方面，体现为中国实践经验的马克思主义化，这个过程体现了马克思主义的开放性、发展性、创新性，也体现了具体时空经验总结转化为抽象理论的可能性。中国共产党在理论创新层面的一个独特之处在于，既将马克思主义基本原理同中国具体实际相结合，也将其同中华优秀传统文化相结合，这是中国共产党的理论创新蕴含鲜明民族特色的重要基础。

2. 不断推进实践创新，开辟新型发展道路

理论创新离不开实践创新。实践的观点是马克思主义的根本观点，实事求是是党的基本思想方法、工作方法、领导方法。中国共产党正是坚持从中国具体实际出发，从社会主义初级阶段的基本国情出发，从中国共产党的领导这一最大国情出发，才开创了不同于西方资本主义国家和传统社会主义国家的现代化发展道路。"中国人民和中华民族从近代以后的深重苦难走向伟大复兴的光明前景，从来就没有教科书，更没有现成答案。党的百年奋斗成功道路是党领导人民独立自主探索开辟出来的，马克思主义的中国篇章是中国共产党人依靠自身力量实践

出来的，贯穿其中的一个基本点就是中国的问题必须从中国基本国情出发，由中国人自己来解答。"①中国式现代化道路淋漓尽致地体现了党的创新取向，这种现代化形态不以资本为中心而以人民为中心，不以物质现代化为核心取向而以人的现代化为核心取向，不以对外扩张、殖民掠夺为发展路径而以和平发展、世界大同为发展路径，为中国的长期稳定快速发展提供了科学道路，也为那些既希望加快发展又希望保持自身独立性的国家和民族提供了全新选择。

中国共产党领导的实践创新创造了现代化发展的新形态。中国式现代化道路，展现了经济文化相对落后的国家进行现代化道路的探索，具有代表性；验证了经过长期发展和艰苦奋斗创造了举世瞩目的成就，具有优越性；表明了秉承自强意识独立自主探索并坚持现代化新道路，具有借鉴性。更为重要的是，中国式现代化道路突破了"霸权主义""强权政治"的路径依赖，摒弃了"国强必霸""零和博弈"的窠臼禁锢，超越了旧式国际关系、党际关系，建构了新型国际关系、党际关系。中国式现代化道路，既关注"中国之治"，也关注"全球之治"；既坚持为中国人民谋幸福、为中华民族谋复兴，也坚持为世界

---

① 习近平：《高举中国特色社会主义伟大旗帜　为全面建设社会主义现代化国家而团结奋斗——在中国共产党第二十次全国代表大会上的报告》，《人民日报》2022年10月26日第1版。

人民谋大同、为世界各国谋发展，充分体现了中国共产党的实践创新既具有本土性，也具有世界性的特质。

3. 接续推进制度创新，建构完善制度体系

制度创新为发展道路提供了制度保障和规范确认。基于中国特色社会主义制度体系和治理体系的发展完善和逐渐成熟定型，我们创造了经济快速发展和社会长期稳定的"中国奇迹"，形成了政治稳定、经济发展、文化繁荣、民族团结、人民幸福、社会安宁的"中国之治"。"中国奇迹"和"中国之治"既是客观事实描述，也是价值判断和价值选择，表明了人民群众的制度认同和制度自信。

中国共产党推动制度创新体现了原则性与灵活性的高度统一。习近平总书记在庆祝全国人民代表大会成立六十周年大会上指出，"设计和发展国家政治制度，必须注重历史和现实、理论和实践、形式和内容有机统一"[1]，这为制度设计、制度发展、制度创新提供了基本原则和科学方法。实现科学的制度创新要坚持四条原则：一是要坚持从国情出发、从实际出发，要把握长期形成的历史传承，善于从本国、本民族的历史文化传统、习惯惯例中汲取智慧和经验，并以创造性转化和创新性发展的自觉实现历史资源的时代化；二是要把握走过的发展道

––––––––––––

[1] 《十八大以来重要文献选编》（中），中央文献出版社 2016 年版，第 59 页。

路、积累的政治经验、形成的政治原则，善于从自身的发展历程中总结经验、揭示规律，将自我认知、自我反思、自我创新紧密结合起来；三是要把握现实要求、着眼解决现实问题，坚持问题意识，善于将解决根本问题和具体问题、当前问题和长远问题、整体问题和局部问题结合起来；四是不能割断历史，不能想象突然就搬来一座政治制度上的"飞来峰"，任何制度都存在适应性问题，照搬照抄别国制度的做法在人类社会发展史上留下了深刻的教训，要善于探索建构符合本国发展要求的制度体系。

二、伟大社会革命揭示了历史演进特点

中国共产党在领导伟大社会革命的进程中，在理论和实践的结合上，全面回答了中国之问、世界之问、人民之问、时代之问，深刻揭示了共产党执政规律、社会主义建设规律、人类社会发展规律，尤其是从中国具体实际出发、以我们正在做的事情为中心、以构建人类命运共同体为指向，深刻揭示了中国共产党的执政规律、中国特色社会主义建设规律、人类文明新形态的演进规律。"中国之治"深刻揭示了社会主义建设规律，

创造了"经济快速发展奇迹"和"社会长期稳定奇迹"的中国奇迹。

新中国成立七十多年取得的巨大成就，充分证明了马克思主义的科学性、中国共产党的先进性、社会主义的优越性、改革开放的必然性和中国特色社会主义道路的合理性，这种直接现实性认同是构成民族共识的基本内质。当今世界进入大发展大变革大调整时期，中国面对百年未有之大变局，时代变迁对社会共识提出了新挑战，同时赋予了新内涵，要求建构新的民族共识。中国特色社会主义道路的继续拓展、理论的持续创新、制度的接续建构、文化的承续建设都需要凝聚社会共识，实现中华民族伟大复兴更需要凝聚起最广泛的人民共识。为此，就要不断增强整合共识资源的能力，构建新时代政治共识、道路共识、理论共识、制度共识、文化共识，为中华民族伟大复兴提供持久内在动力。

（一）凝聚政治共识：中国政治辟新径

构建政治共识夯实社会发展基础，切实推进中国政治发展的自觉性。政治共识是发挥政治优势的前提，中国共产党在领导革命、建设、改革的历程中形成了诸多政治优势，其中密切联系群众是党的最大政治优势。实现民族复兴是整个中华民族的梦想，也是每个中华儿女的梦想，这一梦想的实现关键在于将人民群众的丰富智慧、强大力量与中国特色社会主义的科学理论和现实实践结合起来，不断提升民族自觉性和自为性，实现科学理论对最广大人民群众的掌握，以直接现实性的群众实践推动社会发展和文明进步。这一过程实现的基础就是政治共识的达成与维持。"人心是最大的政治，共识是奋进的动力"[①]。实现"两个一百年"奋斗目标、实现中华民族伟大复兴的中国梦，需要汇聚全民族的智慧和力量，需要广泛凝聚共识、不断增进团结。建构政治共识的核心在于体察民情、把握民心、回应民意，并汇集民智、凝聚民力，概言之，就是要寻求最大公约数、画出最大同心圆、形成最大认同力。

共识是自信的坚实基石，自信是共识的精神表征。习近平总书记指出，"全党要坚定道路自信、理论自信、制度自信、文化自信。当今世界，要说哪个政党、哪个国家、哪个民族能够自信的话，那中国共产党、中华人民共和国、中华民族是最有理由自信的"[②]。对伟大祖国、中华民族、中华文化、中国共产党、中国特色社会主义的认同是铸牢中华民族共同体意识的核心，这种民族共同体意识本质上是民族共识的表现形态。这种共识形成的过程就是国家认同、民族认同、文化认同、政

---

① 《习近平谈治国理政》（第三卷），外文出版社 2020 年版，第 326 页。
② 《习近平谈治国理政》（第二卷），外文出版社 2017 年版，第 36 页。

党认同、主义认同的过程，这些认同为整个民族国家的团结奋斗注入了精神力量。改革开放四十多年、新中国成立七十多年乃至五四运动一百多年来的历史，充分证明了选择马克思主义、选择中国共产党、选择社会主义、选择改革开放以及选择中国特色社会主义的可行性与必然性，这种自信以实践为基石、以规律为依据、以经验为结论、以民心为标准，为建构新时代的政治共识提供了充足资源。接续建构政治共识，既要以理论的彻底性不断增进人民的价值认同，也要以实践的有效性不断满足人民的现实需求；既要强调对人民意志的主动回应，也要强调对社会发展的科学引导；既要坚定中国特色社会主义发展的原则性，也要提升中国政治体系的适应性。

（二）凝聚道路共识：中国道路开新篇

构建道路共识确保正确发展方向，不断增强坚持中国道路的战略定力。道路决定命运，民族复兴在新时代向纵深发展离不开道路共识。中国道路是中国人民的历史选择，实践证明，"中国特色社会主义道路是实现社会主义现代化的必由之路，是指引中国人民创造自己美好生活的必由之路"[①]。这条道路

---

①《十八大以来重要文献选编》（下），中央文献出版社 2018 年版，第398 页。

是在改革开放历程中开创的，也是在新中国成立后进行的制度建构和社会主义探索的基础上开创的，深刻蕴含着社会主义在中国发展的历史逻辑、理论逻辑与实践逻辑。中国道路不仅代表着社会主义在中国的发展，而且代表着社会主义在 21 世纪的发展，既具有民族国家的发展意义，也具有世界性、时代性、制度性的一般价值。新时代构建道路共识就要深刻把握中国道路的科学性与价值性基础上的必然性。

首先，道路共识的现实基础。纲领、路线是实现人民意志向党的意志进而向国家意志转化的重要工具，道路的合规律性和合价值性集中体现在党的纲领路线以及方针政策方面。中国道路的合理性是实践检验的结果，中国道路不是逻辑推演的结果，而是在"摸着石头过河"和"顶层设计"的协调融合中走出的符合中国国情的发展道路。其合理性是真理性与价值性的统一，科学反映了"三大规律"，坚持了"以人民为中心"的发展思想，致力于实现人自由全面的发展和全体人民共同富裕。其次，道路共识的基本作用。发挥道路合理性的整合力，有助于将不同地域、领域、阶层的群众凝聚起来，充分发挥其群众组织力和社会号召力的价值，将消极因素转化为积极因素，从而调动一切积极因素投入到改革开放实践中；也有助于整合国内和国际两种资源，通过坚持中国道路发展自己，尊重各国发展道路，并为世界提供一种有别于资本主义的现代化路径，以道路吸引力和影响力为改革开放营造更加和谐有利的国际环境。再次，道路共识的时代建构。要增强传播力，坚持内容创新与形式创新相结合、主体革新与媒介转换相融合，在建构中国特色话语体系中诠释好中国实践，深刻揭示道路发展的内在规律；要强化说服力，从受众视角出发以马克思主义大众化的理论和成果增进道路认知，增强互动性、参与性和实践性；要提高认同力，在社会主义市场经济、民主政治、先进文化、和谐社会、生态文明发展中及时回应民意诉求，真正形成人民内在认同。

（三）凝聚理论共识：中国理论聚民心

构建理论共识奠定坚实民意基础，自觉推进马克思主义的中国化时代化。旗帜决定方向，方向决定道路，科学理论之于民族发展的重要性毋庸置疑。中国共产党的历史是不断推进马克思主义中国化的历史，也是追求中华民族复兴的历史，这是由中国国情与人类发展规律所决定的。五四运动以来的历史就是在中国无产阶级及其政治代表中国共产党的领导下开拓中国道路并坚持创新中国道路的历史，这是百余年历史的主流。在这个过程中，中国共产党以自身的阶级自觉性、先进性、革命性引导启发了整个民族，不仅实现了中国无产阶级的觉醒，而且实现了中华民族的觉醒。推进民族复兴的过程也是理论不断掌握群众的过程，理论对群众的掌握就是群众对理论的认同。夯实民族复兴的民意基础关键在于深入把握民族复兴与人民群众之间的内在关系，以中国特色社会主义理论的阐释力和建构力实现精神力量向物质力量转化。

掌握群众就要提高理论资源掌握群众的科学化水平。在本质层面，发挥国家意识形态整合能力的关键，在于不断满足人民群众对美好生活的需要。要让人民群众认同马克思主义及其中国化成果的共识资源，极为重要的一点就是改革的路线、方针、政策与人民群众利益的契合度。不仅要关注人民群众的根本利益、整体利益、长远利益，更要关注人民群众具体利益、局部利益、眼前利益，承认差异化利益诉求。不能以绝对平等的思维限制接续发展的空间，也不能用效率至上的定式忽视公平价值的追求。在价值层面，要建设精神家园，需要基本价值理念支撑。不仅要警惕西方意识形态渗透，还要增强价值共同体吸引力。信仰应当成为归宿而不应作为现实性工具，构建符合时代要求的价值共识，要以思想理论的亲和力和合理性来凝聚民心，对物化生活进行价值引导，实现世俗生活与精神生活相互促进。在形式层面，观照人民群众现实利益是增强思想共识的坚实基础，也要重视话语表达、传播手段、表达方式的作用，通过话语转换、媒介创新和表达创新来增强理论亲和力，实现价值内容与传播形式良性互动。

（四）凝聚制度共识：中国制度增活力

构建制度共识有助于夯实根本制度根基，不断增强中国制度的时代适应性。中国特色社会主义制度是在新中国成立七十多年和改革开放四十多年历程中创立发展并不断完善的，集中体现了中国特色社会主义优越性。正如习近平总书记指出，"中国特色社会主义制度是当代中国发展进步的根本制度保障，是具有鲜明中国特色、明显制度优势、强大自我完善能力的先进制度"①。制度的稳定性和体制的调适性，极大增强了中国特色社会主义制度体系、治理体系的回应能力和政治定力。中国制度的生机与活力在于制度调适性，党具有高度自我革命精神，善于自我革新，敢于刀刃向内，勇于壮士断腕。以此领导和推进社会革命，为改革开放深入发展注入经久不息的制度动力。新时代推进民族复兴也要构建制度共识，这种共识要求以发展和改革思维认同中国制度，而不是固守既有体制机制。

为此，要充分发挥制度的整合作用。一要发挥共商优势，充分发挥社会主义协商民主独特优势，以新的民主形态确保实

---

① 《十八大以来重要文献选编》（下），中央文献出版社 2018 年版，第349 页。

质民主，真正调动人民群众的积极性和创造性，实现人民民主的真实性和有效性。二要引导共治自觉，将制度优势转化为制度认同，以制度的合理性引导最广大的人民投入改革开放的进程中，坚持民主执政，合理安排不同主体在治理体系中的活动空间，真正汇集民智民力，提高国家治理的现代化水平。三要激发共建能力，增强人民群众支持、参与、推动改革开放和民族复兴的意识和能力，形成新时代改革开放的合力，为实现共享改革开放发展成果提供制度基础。四要提高共享能力，不仅要强化共享发展制度安排，还要增强人民群众共享意识和能力。以共建保障共享，以共享激发共建。通过制度顶层设计、创新政策试点等形式形成常态化的利益表达、整合机制。概言之，坚实广泛持久的社会共识创造出共识性的新时代改革开放局面。通过构建改革开放的共识推进中国特色社会主义的发展，也是改革开放以来的重要经验。

（五）凝聚文化共识：中华文化再出发

构建文化共识营造良好文化氛围，让中华文化展现时代价值。近代以来，在从"欧风美雨""以俄为师"到"以苏为鉴""中国特色"的转换过程中，我们对待民族文化的态度也在发生变化，逐渐形成了创造性转化和创新性发展中华优秀传统文化的科学态度和方法。中华文化始终具有鲜明的包容性和吸纳性，从历史上的佛教东传、"伊儒会通"，到近代以来的"西学东渐"、新文化运动、马克思主义和社会主义思想传入中国，再到改革开放以来全方位对外开放，中华文明始终在兼收并蓄中历久弥新。中华文化以极强的容纳能力对不同文明智慧进行转换，促进了中华文化的发展，也推动了世界文明互鉴，这也是中华文明绵延不绝的重要原因。"中华优秀传统文化是中华民族的精神命脉，是涵养社会主义核心价值观的重要源泉，也是我们在世界文化激荡中站稳脚跟的坚实根基。"①中华文明作为世界上唯一从未断层的根源性文明是独特的共识资源，不仅在民族国家整合中具有强大亲和力，还在世界文明交融中具有鲜明吸引力。为此，我们要坚定更为基础、更为根本和更为深刻的文化自信和文明自信，从新型文明形态的高度认识中国之中国和世界之中国。

构建新时代的文化共识要把握好国内和国际两个层面。一是国内层面，要加强传统文化资源与现代文化资源深度融合，推进中华优秀传统文化创造性转化和创新性发展，以中国智慧支撑实现以文化人的目标，发挥其文化资源的吸引整合作用。新时代改革开放是民族事业，要以民族共同体为主体力量。构建民族共同

①《习近平关于全面建成小康社会论述摘编》，中央文献出版社2016年版，第121页。

体需要以共同价值认知、精神指向、文化传统为基础，面对"共同的传统"夯实"中华民族共同体意识"更加有的放矢。应在继承中发展，在发展中继承，以文化认同达成文化共识，从而激活民族文化基因。二是国际层面，要发扬中华文化兼收并蓄优良品质，拒绝排斥性分歧，构建包容性共识。"我们要尊重文明多样性，推动不同文明交流对话、和平共处、和谐共生，不能唯我独尊、贬低其他文明和民族。人类历史告诉我们，企图建立单一文明的一统天下，只是一种不切实际的幻想。"①世界多极化、经济全球化、社会信息化、文化多样化已成必然，文化自信不仅是一种文化认同感和归属感，更应是一种责任感和使命感。面对"世界怎么了、我们怎么办"的全球问题和人类难题，我们不仅要有文化自信和文明自信，更要有文化自觉和文明自觉，并将其转化为行动自觉。在贡献中国方案和中国智慧过程中，增强国家文化软实力和中华文化影响力，探索创造人类文明新形态。

中华民族伟大复兴关乎民族命运，也关乎社会主义发展前途。当今中国比历史上任何时期都更接近、更有信心和能力实现中华民族伟大复兴的目标，同时我们面临诸多的风险、挑战，尤其是随着世界格局的调整，不确定性不稳定性增多。

---

① 习近平：《弘扬和平共处五项原则　建设合作共赢美好世界——在和平共处五项原则发表 60 周年纪念大会上的讲话》，《人民日报》2014 年 6 月 29 日第 2 版。

目标宏大、使命艰巨更要发挥既有优势，尤为重要的就是真正激发出历史主体即人民群众的力量，为此就要将党的领导的制度优势、群众路线的政治优势、民族共识的认同优势融合起来，畅通人民意志、政党意志和国家意志互动转化的渠道，以稳固的中华民族共同体意识推进伟大斗争、伟大工程、伟大事业、伟大梦想。

三、伟大社会革命展现了鲜明世界意义

随着全球治理格局的深度变革和中国在国际事务中扮演越来越重要的角色，中国的伟大社会革命既成为影响国际局势、世界格局、全球治理的重要要素，也以越来越明显的正外部性影响着其他国家的对自身道路的探索，呈现出鲜明的"溢出效应"。在百余年党史、七十多年的新中国史和四十多年的改革开放史中，党带领人民实现了开天辟地、改天换地、翻天覆地、惊天动地的伟大成就，不仅在中国近现代史、中华民族发展史上建立了丰功伟绩，而且在社会主义发展史、人类社会发展史上留下了时代印记。

（一）彰显了马克思主义社会革命理论的真理价值

理论的真理性和科学性要在实践中进行检验和确认。马克思主义社会革命理论之所以具有普遍指导意义，不仅在于其严密的逻辑，而且在于其具有鲜明的实践性。近代以来尤其是中国共产党成立以来的历史充分证明，马克思主义社会革命理论在与中国革命、建设、改革具体实践深度结合的过程中，深刻改变了中国共产党、中国人民、中华民族的面貌以及人类社会发展的进程。马克思主义及其指导的共产主义运动，自诞生起就遭到各种反动统治的镇压和打击，特别是马克思主义在中国的传播过程中被视为"洪水猛兽"。中国共产党人在探索自身的革命和建设道路的过程中遭遇了一系列的挫折，但是种种困难并没有击溃人们对马克思主义的信仰和对共产主义的信念。即使在苏联解体、东欧剧变给世界社会主义运动造成严重挫折的背景下，中国共产党人也始终坚持以马克思主义为指导，从根本上来讲，这是因为马克思主义是科学的理论体系，是能够真正解释和改变世界的理论体系。

中国的伟大社会革命不仅验证了马克思主义的真理性，而且以理论创新的自觉推动了马克思主义的中国化时代化，实现了马克思主义基本原理同中国具体实际、同中华优秀传统文化的深度结合，形成了一系列的马克思主义中国化的新成果，开辟了马克思主义发展的新境界。纵览近代以来的历史，马克思主义中国化及其实践，不仅深刻影响了中国革命、建设、改革的进程，还深刻影响了马克思主义、世界社会主义、人类社会的发展进程。马克思主义为中国革命、建设、改革提供了强大思想武器，使中国这个古老的东方大国创造了人类历史上前所未有的发展奇迹，充分展现了中国力量，并激发了世界社会主义发展的生机活力。历史和实践证明，历史和人民选择马克思主义是完全正确的，中国共产党把马克思主义写在自己的旗帜上是完全正确的，坚持马克思主义基本原理同中国具体实际相结合、同中华优秀传统文化相结合，不断推进马克思主义中国化时代化是完全正确的。在这个过程中，中国共产党人不仅推动了马克思主义的创新性发展和时代性拓展，还提出了一系列的重大概念、命题、论断、范畴等，如提出"马克思主义中国化"命题、"马克思主义中国化飞跃"命题、"两个结合"命题等，这些在马克思主义中国化史上具有标志性意义，甚至在整个马克思主义发展史上也具有开创性价值，都成为马克思主义发展史上极为重要的理论发展，也从另一个角度反映了中国伟大社会革命的实践创新性。

（二）影响了世界社会主义运动的历史进程和局面

中国的伟大社会革命已经成为世界社会主义运动的重要组成部分，并随着时代的变迁，逐渐成为世界社会主义运动的主流和主体。自 1516 年托马斯·莫尔发表《乌托邦》以来，社会主义已经有 500 多年的历史。在长期的历史演进中，世界社会主义运动经历了逐步兴起、蓬勃发展、严重曲折和重新复苏的发展阶段。

从实践维度来看，中国的伟大社会革命是改变世界社会主义运动格局和趋势的关键因素。纵观社会主义发展史和马克思主义发展史，世界社会主义运动经历了逐渐演化的过程，并且呈现出阶段性特征。世界社会主义运动的中心已经相继实现了从"法国中心"到"俄国中心"再到"中国中心"的转移，马克思主义中国化越来越具有世界意义，马克思主义中国化已经成为马克思主义时代化的主要组成部分，中国特色社会主义已经成为世界社会主义的主体和主流。正如一个国家探索社会主义革命和建设的道路不会一帆风顺一样，整个世界范围内社会主义运动的进程也不是一帆风顺的，而要面对各种风险挑战、应对各种难题困境。在深刻把握社会主义建设规律和演进趋势的基础上，不断增强社会主义国家的综合国力，才能推动"一球两制"的世界格局向着有利于社会主义的方向演进，才能在推动全球治理秩序变革的基础上加快"东升西降"的发展趋势，才能逐步从根本上改变当今世界"资强社弱"的局面。

从理论维度来看，马克思主义中国化的理论成果，尤其是当代中国马克思主义、21世纪马克思主义，正逐渐成为影响世界社会主义运动的重要思想成果。马克思主义中国化实现飞跃是以马克思主义与历史中国、现实中国为前提的，历史中国主要指向中华优秀传统文化，包括历史传承下来的文化传统、价值理念、道德观念、政治智慧等；现实中国主要指向中国现实的物质与精神条件，包括经济条件、社会基础、文化状况、政治制度等。在马克思主义中国化的过程中不断实现新的飞跃，产生新的理论成果，究其实质都是将中国伟大社会革命的实践经验进行抽象化、理论化的思想成果。其中，习近平新时代中国特色社会主义思想的创立，标志着在中国时空条件下形成了当代中国马克思主义，在人类历史进程和世界范围内形成了21世纪马克思主义。习近平新时代中国特色社会主义思想不仅是马克思主义中国化的新飞跃，而且是马克思主义发展史中的新飞跃，真正开辟了马克思主义发展的新境界。

（三）重塑了世界政治经济新秩序和全球治理格局

中国的伟大社会革命是一个长期的历史过程，并将在未来的发展进程中持续深度演化。纵观中国共产党成立以来的历史，中国社会革命的每一个发展阶段都影响着世界格局和全球秩序的变迁。中国的新民主主义革命，不仅是中国共产党领导的民主主义革命范畴的革命形态，而且已经属于世界无产阶级革命的范畴，与其他国家的无产阶级革命和广大发展中国家的民族解放运动等一起推动了 20 世纪世界革命浪潮的发展。中国革命的顺利推进和最终胜利极大鼓舞了全世界被压迫民族和被压迫人民争取解放的斗争，加速了西方发达资本主义国家主导的殖民体系的瓦解。新中国成立后实行"一边倒""另起炉灶""打扫干净屋子再请客"的外交政策，壮大了社会主义阵营的力量。改革开放和社会主义现代化建设新时期，中国在总结历史经验教训的基础上，深刻回答了关系中国伟大社会革命的一系列基本问题，推动了生产力的有效解放和快速发展，推动了生产关系和上层建筑的合理调适和接续改革，推动了综合国力的快速提升。特别是在苏联解体、东欧剧变后，中国始终保持社会革命的正确方向，捍卫了马克思主义的指导思想地位，捍卫了社会主义制度基础，并以自身的高速发展有效对冲了霸权主义、强权政治对社会主义的否定和进攻。中国特色社会主义进入新时代，中国在接续推进伟大社会革命的过程中，不仅充分展现了"中国奇迹"、中国力量，而且为世界发展提供了中国方案、贡献了中国智慧、展现了中国担当。

　　中国的伟大社会革命已经成为推动国际政治经济秩序变革和全球治理格局重塑的重要因素。进入新时代，中国坚持"大道之行，天下为公"，奉行独立自主的和平外交政策，提出人类命运共同体理念，始终做世界和平的建设者、全球发展的贡献者、国际秩序的维护者，积极推动国际关系民主化，反对霸权主义和强权政治，有效应对孤立主义、单边主义、保护主义等的影响，积极承担国际责任和大国义务，为建构更加公正合理的国际政治经济新秩序、建构符合时代发展要求的全球治理新格局作出了巨大贡献。尤其是中国共产党基于自身领导伟大社会革命的历史经验，强调要始终以世界眼光关注人类前途命运，从人类发展大潮流、世界变化大格局、中国发展大历史正确认识和处理同外部世界的关系，坚持开放、不搞封闭，坚持互利共赢、不搞零和博弈，坚持主持公道、伸张正义，站在历史正确的一边，站在人类进步的一边，有力推动了世界各国以文明对话消除文明隔阂、以文明交流增进文明互信、以文明互鉴避免文明冲突。

（四）形成了中国式现代化道路和人类文明新形态

　　中国共产党领导人民在接续推进伟大社会革命的过程中，形成了中国式现代化道路，创造了人类文明新形态。中国"用几十年时间走完了发达国家几百年走过的工业化进程"[①]，充分展现了中国式现代化在跨越式发展中的显著优势。世界大同的梦想和人类命运共同体的理念，实质上都是共产主义的一种表达形式。而这种世界发展的未来期待和理想形态，体现了真理性与价值性、包容性与多样性的高度统一。人类文明新形态是中国社会革命探索形成的重要成果，展现了人类社会发展的新趋势、新可能、新路径。其一，人类文明新形态以崭新的形式、鲜明的特色深刻表明，中国的革命、建设、改革以及新时代的发展、治理，不是简单延续我国历史文化的母版，而是将中华优秀传统文化中的丰富营养转化为现代化的表现形式，以服务于现代文明塑造。其二，人类文明新形态不是简单套用马克思主义经典作家设想的模板，而是将马克思主义基本立场、原理、方法与中国经济社会条件、历史文化传统、传统习俗惯例、基本价值理念等进行深度结合的产物。其三，人类文明新形态不是其他国家社会主义实践的再版，而是将世界社会主义运动过程中正反两方面经验转化为治国理政资源的结果。其四，人类文明新形态也不是国外现代化发展的翻版，而是将不同社会性质、不同发展条件、不同文化传统背景下现代化道路探索发展的经验教训进行深刻总结的结果。人类文明新

----

① 《习近平谈治国理政》（第三卷），外文出版社2020年版，第124页。

形态在古今对比、中外对比、新旧对比中，既对自身文明发展经验进行了提炼升华，也对其他文明形态精华进行了吸取转化，是从历史中走出的文明新形态。

（五）建构了独特的理论阐释体系和国际传播体系

立足"百年未有之大变局"，回想"三千年未有之变局"，中国已经发生了翻天覆地的历史性变革。在这种巨变之中，中国共产党将自身的先进性转化成了中国工人阶级、中华民族的自觉性和自为性，迎来了从站起来、富起来到强起来的历史性飞跃。新中国成立七十多年来，党政关系的不断探索成为中国发展的缩影，国家制度和治理体系的成熟化定型化进一步展现了党政体制的优越性。包括中国特色党政体制在内的中国制度展现出的优越性、效能性，重新焕发了世界社会主义的生机活力，也为人类探索实现现代化提供了新的可能与可行方案。当今中国，不仅要发出中国声音，展现中国力量；而且要参与全球治理，贡献中国智慧。为此，新时代新阶段要注重从制度概念、制度话语、制度命题和制度论断的角度，全景式展现中国特色社会主义的国家制度和法律制度，用中国声音传播中国故事，用中国话语诠释中国制度，用中国方案展现中国智慧。这个任务的完成离不开中国特色哲学社会科学的发展成熟，就中国特色党政体制而言，要通过总结历史经验、借鉴域外经验、运用制度发展规律，接续改革调适中国党政体制；要通过深入挖掘政治话语资源和大胆创新制度阐释范式，形成中国特色的党政体制阐释的概念体系、话语体系、理论体系；要通过政党对话会、文明对话会等形式，让世界聆听中国声音、讲好中国制度故事。

讲好中国故事需要建构中国叙事体系。中国式现代化道路是物质文明、政治文明、精神文明、社会文明、生态文明协调互动、共同发展的文明形态，不仅在文明发展层面开创了新的形态，而且正在形成与之相匹配的话语体系、阐释体系和表达方式。"我们要树立你中有我、我中有你的命运共同体意识，跳出小圈子和零和博弈思维，树立大家庭和合作共赢理念，摒弃意识形态争论，跨越文明冲突陷阱，相互尊重各国自主选择的发展道路和模式，让世界多样性成为人类社会进步的不竭动力、人类文明多姿多彩的天然形态。"[1]中国式现代化道路为人类文明的接续发展和持续演进提供了新的"文明方案"，这种方案的全面系统表达，既要回到历史之中，审视其演进的逻辑；也要着眼当前问题，展现其现实价值。顺应这些要求，就要建构新型的叙事体系。长期以来，中国共产党高度重视国家形象、政党形象、国际传播等方面的建设，尤其是加快构建中

---

[1]《十九大以来重要文献选编》（中），中央文献出版社2021年版，第712页。

国特色哲学社会科学学科体系、学术体系、话语体系。

　　中国共产党领导的叙事创新创造了新的话语形态。思想理论具有大众性，是其吸引群众、掌握群众、引导群众的重要前提。但中国理论、中国道路、中国制度、中国文化以及中国话语的人民性并不是机械化转化为人民群众的内在认知的，需要借助一定的阐释体系、话语体系和表达体系，这就需要构筑中国话语和中国叙事体系，用中国理论阐释中国实践，用中国实践升华中国理论，打造融通中外的新概念、新范畴、新表述，形成富有民族特色、文明特色和时代特色的话语表达，更加充分、鲜明地展现中国故事及其背后的思想力量和精神力量。中国共产党以鲜明的时代自觉，在中西对比、古今对比、新旧对比中，在历史回望、经验总结、规律揭示中，在把握世界百年未有之大变局和中华民族伟大复兴战略全局中，以学科体系、学术体系、话语体系创新为契机和入口，提出了一系列的新型话语表达方式，逐渐构筑起了平等民主公正的话语生态，充分阐明了中国方案、中国智慧、中国理念，生于历史而利于当代，源于中国而属于世界。

第五章
伟大社会革命的时代启示与现实要求

新时代接续推进伟大社会革命，要在发挥党的全面领导、长期执政、自我革命等优势的基础上，科学判定历史方位、始终坚持正确方向、坚定保持内在特质，以伟大自我革命引领伟大社会革命。

一、始终坚持党对伟大社会革命的领导

始终坚持党的集中统一领导，始终坚持党对一切工作的领导；不断完善党的领导制度体系，党的领导是中国最大的国情；接续提高党的全面领导能力。

百余年来，中国共产党在执政实践中积累了丰富的经验。党经过长期执政考验所探索形成的执政方法论，不仅深化了对共产党执政规律的认识，开辟了世界社会主义和马克思主义发展的新境界，而且深化了党对国家治理一般规律的认识，开辟了现代化发展和人类文明进步的新境界。要坚持从全面执政的整体性、从世界社会主义发展的长时段、从人类政治发展的大视野，审视中国共产党的执政历程、经验与启示。

新中国成立七十多年来，中国共产党积累了丰富的执政经验，并且党重视进行阶段性总结，学界也进行了深入系统的分析。为此，以"执政"概念为研究的逻辑起点，以执政党与国家政权之间的关系为核心线索，从执政的前提、目标、价值、活力、取向五个方面，对新中国成立七十多年来中国共产党执政经验中所蕴含的方法论进行剖析，有助于透过执政这个核心线索深刻把握中国共产党将自身治理与国家治理深度衔接的内在逻辑。中国共产党经过长期执政考验所探索形成的执政方法论，不仅深化了对共产党执政规律的认识，开辟了世界社会主义和马克思主义发展的新境界，而且深化了对国家治理一般规律的认识，开辟了现代化发展和人类文明进步的新境界。要坚持从全面执政的整体性、从世界社会主义发展的长时段、从人类政治发展的大视野，审视中国共产党的执政历程、经验与启示。

（一）始终坚持全面领导，确保党领导一切工作

坚持全面领导回答了党执政的政治前提问题。领导是执政的政治性前提，执政为领导提供合理性资源。中国共产党领导权的取得，是中国近现代历史发展的必然逻辑，是马克思主义理论在中国应用的必然逻辑，是中国革命、建设、改

革道路实践发展的必然逻辑。党的领导地位的确立，一是体现了历史性，回应了中华文明创新形态应对资本主义世界体系的挑战；二是体现了规律性，反映了马克思主义所揭示的人类社会发展一般趋势；三是体现了实践性，表明了中国共产党能够肩负起中华民族伟大复兴和社会主义现代化的使命。

无产阶级领导权是中国共产党执政的逻辑前提。中国共产党不仅具有无产阶级政党的一般属性，而且具有中国无产阶级政党的特殊属性，中国共产党是"两个先锋队"，即中国共产党是中国工人阶级的先锋队，同时是中国人民和中华民族的先锋队。从根本上来讲，这是由近代中国的国情所决定的，近代中国面临着"三千年未有之大变局"，半殖民地半封建社会的性质决定了中国首先要完成民主主义革命才能进行社会主义革命，以此实现民族独立、人民解放和国家富强、人民幸福。在"救亡图存"和"振兴中华"的过程中，只有无产阶级的政治代表中国共产党提出的先进行新民主主义革命，再进行社会主义革命的方案最终取得了成功并得到不同阶层的认可。中国共产党的领导地位是历史的必然和人民的选择，领导权的获得是通过历史实践证明的。这是对历史发展的客观规律的总结，也是对历史经验教训的深刻揭示。

领导权是对执政权的历史政治性论证。领导，作为一个政治范畴，指向党的政治领导力、思想引领力、群众组织力、社会号召力，处理的是党与国家、社会之间的关系，表现为一种实践经验的总结和历史原则；执政，作为一个法律范畴，指向执政理念、执政体制、执政方式、执政环境，处理的是党与国家政权之间的关系，表现为党治国理政的实践和政治程序。中国共产党在中央苏区和陕甘宁边区进行过局部执政实践，新中国成立标志着中国共产党从局部执政时期转入全面执政时期，历时性审视执政与领导的关系可以发现领导地位的确立是执政的先决条件，而执政则是领导的表现形式。确保长期有效执政必然要求坚持党在国家和社会中的领导地位，这也是将党的领导作为基本原则写入党章和作为法律要求写入宪法的根本原因。同时，领导权问题指明了领导者，全面领导问题揭示了领导形式。长期以来党对领导形式有着不同的表述，从话语层面来讲，有"党领导一切""绝对领导""全面领导"等表述，从内容层面来讲，主要强调党的政治、思想、组织方面的领导，究其本质，都是对党的全面领导地位的确认。抗日战争时期的《关于统一抗日根据地党的领导及调整各组织间关系的决定》确立统一和一元化领导。1954 年，毛泽东同志在第一届全国人民代表大会第一次会议开幕式中指出，"领导我们事业的核心力量是中国共产党"①。改革开放后，

---

①《建国以来重要文献选编》（第五册），中央文献出版社 1993 年版，第461 页。

党的十二大将党的领导界定为，"党的领导主要是政治、思想和组织的领导"①，此后党章中长期沿用这一表述。1987年，党的十三大对党的领导进一步作出新概括："党的领导是政治领导，即政治原则、政治方向、重大决策和向国家权力机关推荐重要干部"②。2017年，党的十九大则进一步阐释为"党政军民学，东西南北中，党是领导一切的"③全面领导思想，并高度评价了党的领导的独特价值。2022年，党的二十大进一步强调，"党的领导是全面的、系统的、整体的，必须全面、系统、整体加以落实"④。概言之，尽管党的领导的阐释存在概念演进、话语转换的现象，但是对党的领导地位的重视、肯定、确认是一贯的。为此，在全面建设社会主义现代化国家、全面推进中华民族伟大复兴的新征程中，我们坚决维护党中央权威和集中统一领导，把党的领导落实到党和国家事业各领域各方面各环节，使党始终成为风雨来袭时全体人民最可靠的主心骨，确保我国社会主义现代化建设正确方向，确保拥有团结奋斗的强大政治凝聚力、发展自信心，集聚起万众

---

① 《十二大以来重要文献选编》（上），人民出版社1986年版，第68页。
② 《十三大以来重要文献选编》（上），人民出版社1991年版，第36页。
③ 习近平：《决胜全面建成小康社会　夺取新时代中国特色社会主义伟大胜利——在中国共产党第十九次全国代表大会上的报告》，《人民日报》2017年10月28日第1版。
④ 习近平：《高举中国特色社会主义伟大旗帜　为全面建设社会主义现代化国家而团结奋斗——在中国共产党第二十次全国代表大会上的报告》，《人民日报》2022年10月26日第1版。

一心、共克时艰的磅礴力量。

（二）始终坚持长期执政，接续筑牢执政的基础

坚持长期执政回答了党执政的目标指向问题。党执政的基本性目标与价值性归宿既有区别又有联系，长期执政是执政为民的政治前提和政治条件，执政为民是长期执政的政治资源和政治归宿。坚持长期执政是多重因素综合作用的自觉要求，从政党阶级属性层面来讲，一般意义上的政党是统治阶级进行政治统治的工具，而中国共产党不只是代表着中国无产阶级的利益，更为重要的是代表着最广大人民群众的利益，本质上长期执政就是人民当家作主的接续体现。从民族国家属性层面来讲，中国共产党肩负着"为中国人民谋幸福，为中华民族谋复兴"[①]的初心使命，长期执政与民族复兴、现代化建设有着高度关联性，坚持长期执政是中华民族自信屹立于世界民族之林的关键保障。从社会发展规律层面来讲，实现共产主义是人类社会发展的必然趋势，而党长期执政的目的就是要建立这种理想社会，长期执政体现着合目的性与合规律性的统一。实现长期执政是

---

① 习近平：《决胜全面建成小康社会　夺取新时代中国特色社会主义伟大胜利——在中国共产党第十九次全国代表大会上的报告》，《人民日报》2017 年 10 月 28 日第 1 版。

党全面执政七十多年以来始终高度重视的课题，在国家建构的过程中逐渐形成了党的全面领导体系，在制度完善的过程中强化了党的领导在制度运行中的作用，在政治原则的提炼过程中形成了坚持党的领导的基本原则，在话语表达的演进过程中形成了马克思主义执政党和长期执政的概念，在法治体系的完善过程中对党的领导体制和执政体制进行法律确认。

长期执政是党始终面临的一个重大课题。执掌政权是政党政治的核心议题，长期执政是中国共产党的重大课题。早在革命时期毛泽东同志与黄炎培同志的"窑洞对"中就涉及这一问题，解决好长期执政问题也就是跳出"历史周期率"的问题。毛泽东同志给出的答案是民主，要确保人民当家作主，不仅要从政治设计和制度安排上建构起真正以人民利益为中心的政治体系、制度体系、治理体系，而且要在机制安排和程序运行上建构起以权力为核心的监督体系、评价体系、激励体系。既要确保"把权力关进制度的笼子"，又要确保"权力在阳光下运行"。本质上都是对权力的净化，前者旨在以人民性价值为取向建构权力产生的路径与平台，后者旨在以预防、规避、惩罚权力腐败为取向营造权力运行的机制与环境。实现长期执政是一个历史性问题，更是一个现实性问题。随着时代迁移尤其是社会主要矛盾的转变或转化，服务于党和国家中心任务的执政形式也要相应进行转换，以增强其适应性和回应性，如此才能确保党的执政实效性。

长期执政是党的政治优势。党的领导地位和执政地位是经过政治确认和法律确认的，长期执政的政治优势主要体现在三个方面。一是体现在坚守政治原则方面，坚持党的长期执政是对党的领导优势的高度概括，邓小平同志在 1979 年的理论工作务虚会上提出了"四项基本原则"，从政治要求对坚持党的领导进行了确认，此后党章和宪法也对党在国家中的领导核心地位进行了党规确认和国法确认。对于政治优势进行经验总结和确认是党具有自觉能力的体现，反映了对自身执政正反两方面经验的深刻反思，也反映了对世界社会主义运动历史进程的科学把握。二是体现在接续治国理政方面，不同于西方资产阶级国家政党政治左右手的政权交替，立足于新型政党制度的中国党政体制具有极大的优越性，避免了极化政治的负面效应，有助于从人民利益的根本性、整体性、长期性角度出发进行制度安排、政策设计和计划调整，提升党的纲领路线方针政策与国家制度体制机制程序的整合能力。同时，在"摸着石头过河"和"顶层设计"方法论相结合的基础上确保执政的科学性、稳定性、民主性。三是体现在树立政治自信方面，无论是"四个自信"，还是国家自信和民族自信，究其根源都是对政党自信的一种反应和回应。长期执政作为一种外在的政治形态，蕴含其中的是对执政规律的把握、对人民利益的回应、对时代要求的呼应、对世界调适的适应。

（三）始终坚持执政为民，坚持"以人民为中心"

坚持执政为民回答了党执政的价值归宿问题。"执政为谁"的问题是任何政党执政后必须首先要解决的问题，这个问题是执政党必然涉及的根本性问题，因为这一问题体现了执政党的性质、宗旨以及执政理念，表明了执政党的执政目的。执政目的的明确和执政目标的设定体现了执政的价值取向，而执政的价值底色往往决定了执政的合法性和合理性。政党政治作为当今世界的通行政治规则，长期执掌政权是政党普遍面临的问题。而决定能否长期执政的要素有多种，归根结底是人民群众对政党领导和执政的认同与否及其认同程度。中国共产党的执政为民思想不仅具有继承性，而且具有创新性。一方面，继承了马克思列宁主义关于"为绝大多数人谋利益""为千千万万劳动人民"服务的思想；另一方面，不断与时俱进，不仅强调运用马克思主义的基本立场、观点和方法解决中国实际问题，同时强调将中国的经验总结上升为马克思主义的理论成果，并不断根据发展实际和历史特征赋予其鲜明的时代特色。在马克思主义中国化进程中诞生的毛泽东思想和中国特色社会主义理论体系两大理论成果，不仅坚持了科学社会主义基本原则，充分体现了人民性是马克思主义最鲜明的品格，而且在中国实践中展现出鲜明的中国特色，形成了具有中国特色的思想成果、话语表达和鲜活实践。

执政为民是中国共产党一以贯之的政治理念和实践原则。中国共产党成立百余年以来，经历了局部执政时期和全面执政时期，中国革命、建设、改革的历程也是中华民族不断走向复兴的历程，在这个过程中，中国共产党领导中国人民开辟了符合自身发展逻辑的中国道路。开辟了新民主主义革命道路，推翻了压在中国人民身上的"三座大山"，为实现民族复兴奠定了历史基础；开辟了社会主义革命道路，确立了中华民族复兴的制度基础和政治前提；开辟了社会主义建设道路，为实现民族复兴进行了有益探索，积累了正反两方面的经验；开辟了中国特色社会主义道路，推动中华民族日益接近伟大复兴，开创了实现社会主义现代化的新路径。历史充分证明了，"全心全意为人民服务，立党为公，执政为民，是我们党同一切剥削阶级政党的根本区别"①。在长期为民执政实践中形成了系统的执政为民的话语体系，坚持全心全意为人民服务的宗旨，坚持"领导就是服务"的理念，坚持以人为本的发展观和以人民为中心的发展思想等具有本质一致性，都是对执政实践的规范性

---

① 《十五大以来重要文献选编》（下），人民出版社 2003 年版，第 1909 页。

要求。

有效执政是长期执政的基础，执政为民是有效执政的保障。"人民性是马克思主义的本质属性，党的理论是来自人民、为了人民、造福人民的理论，人民的创造性实践是理论创新的不竭源泉。一切脱离人民的理论都是苍白无力的，一切不为人民造福的理论都是没有生命力的。我们要站稳人民立场、把握人民愿望、尊重人民创造、集中人民智慧，形成为人民所喜爱、所认同、所拥有的理论，使之成为指导人民认识世界和改造世界的强大思想武器。"[①]有效执政问题是长期执政的核心问题，关系到执政的合理性，即执政的科学性和价值性。科学性就是执政的效度问题，价值性就是执政的向度问题，二者具有高度一致性。执政的科学性归根结底反映在对规律的把握程度上，执政的价值性则体现在人民对执政者政治认同的程度，对规律的把握是执政绩效的客观要求，对人民诉求的回应是执政能力的基本体现。因此，实现党的长期执政的逻辑起点就是执政为民。坚持执政为民的理念要解决好两个问题：一是执政效能问题，列宁指出要善于接近群众，就要"赢得群众的绝对信任，领导者不脱离所领导群众，先锋队不脱离整个劳动大军"[②]。

[①] 习近平：《高举中国特色社会主义伟大旗帜　为全面建设社会主义现代化国家而团结奋斗——在中国共产党第二十次全国代表大会上的报告》，《人民日报》2022 年 10 月 26 日第 1 版。
[②]《列宁全集》（第四十二卷），人民出版社 2017 年版，第 538 页。

党在长期实践中形成了具有中国特色的群众路线，并将其作为党执政的最大政治优势。在践行群众路线的同时，还要保持党的先进性与纯洁性，抵御政治腐败对政治权力的侵蚀和避免特殊利益对公共利益的干扰，如此才能将党自我净化、完善、革新、提高的优势与人民群众的实践结合起来。以群众时代性要求推动党的建设，以党的接续性建设满足群众不断增长的美好生活需要。二是执政评价问题，党对如何衡量这种有效性有着历时性的政治自觉，毛泽东同志强调"全心全意地为人民服务，一刻也不脱离群众"①，邓小平同志强调"按照历史唯物主义的观点来讲，正确的政治领导的成果，归根结底要表现在社会生产力的发展上，人民物质文化生活的改善上"②，江泽民同志强调"任何时候我们都必须坚持尊重社会发展规律与尊重人民历史主体地位的一致性，坚持为崇高理想奋斗与为最广大人民谋利益的一致性，坚持完成党的各项工作与实现人民利益的一致性"③，胡锦涛同志强调"全心全意为人民服务是党的根本宗旨，党的一切奋斗和工作都是为了造福人民"④，党的十八大后，习近平总书记从民族伟大梦想、全面从严治党、现代化

---

① 《毛泽东选集》（第三卷），人民出版社1991年版，第1094页。
② 《邓小平文选》（第二卷），人民出版社1994年版，第128页。
③ 《江泽民文选》（第三卷），人民出版社2006年版，第279页。
④ 《十七大以来重要文献选编》（上），中央文献出版社2009年版，第12页。

国家治理等角度阐释了"以人民为中心"的发展思想。

（四）始终坚持自主改革，掌握时代发展主动权

坚持自主改革回答了党执政的动力源泉问题。执政活力问题是长期执政的一个关键问题，而活力的激发必须限定在合理有效的范围内，如此才能有效实现改革向度、效度的统一。中国的执政体制改革体现出两个鲜明的特点，一个是自觉性，另一个是可控性。这两种特性都是自主性的表现，既要始终保持革命精神接续推进改革，也要妥善协调改革力度与社会可承受程度之间的关系。一方面，党始终重视对上层建筑的改革与调适，自觉的反思能力和对唯物史观的把控能力有效摆脱了路径依赖的惯性；另一方面，党始终合理把握着制度改革和治理体系完善的方向、进程和方法，坚定的政治定力和长期的原则坚守有力保证了中国特色政治发展道路的社会主义底色。改革是当代中国的第二次革命，对国家、社会的影响至为深远。世界历史中政治改革的激进化现象给我们提出了深刻警醒，尤其是世界社会主义运动进程中的改革对中国具有直接启发意义，既要避免体制僵化，又要避免改革失序，要在规范体系中稳步推进改革。中国的政治改革始终坚持系统思维，将制度的改革完善与发展局势、稳定局面相结合，在国家发展诉求、群众利益

诉求和时代发展要求的结合点上寻求最大政治共识、画出最大同心圆。同时始终将改革的工具性与价值性相结合，不仅将改革作为政治路线的重要内容，视为价值性原则，从改革的本体性价值认识改革接续发展性；而且将改革作为国家发展的重要手段，视为工具性装置，从改革的衍生性价值认识改革的直接现实性。

政党治理与国家治理高度衔接、协调互动。虽然我们在历史上经历了一个"摸着石头过河"不断探索科学化党政体制的阶段，其中经历了一个曲折复杂的过程，但是积累了宝贵的正反两方面经验。尤为重要的是中国共产党有着鲜明、自觉的自我革命精神，这种革命精神不仅体现在政党治理的进程中，而且体现在国家治理的进程中。由于党在整个国家与社会中所处的领导核心地位，党自身政治关系的调整具有"牵一发而动全身"的作用和效果。党所进行的制度、体制、机构、职能改革，往往就是社会革命的一部分。与此同时，党长期以来形成和建构的党委制度、党组制度、党管干部制度、归口管理制度等平台的存在，党自身建设的成效直接或间接反映到国家治理的实践中。因此，党的自我治理与国家治理始终紧密联系在一起，正因为如此，党在改革领导体制、党政体制时，始终坚持五种思维方式：一是始终坚持创新思维，制度改革本身就是创新思维的集中体现；二是始终坚持历史思维，从制度设计原则、提炼历史优势出发，创新性发展党和国家的制度体制；三是始终坚持辩证思维，坚持继承与创新、顶层设计与基层探索、自我革命与社会革命相统一；四是始终坚持战略思维，将总结经验的传统与预见趋势的能力、反映政治规律与主动应对挑战相结合；五是始终坚持底线思维，将改革的原则与路径、要求与方法相结合。七十多年来，改革为党的领导体系和政府治理体系的协调互动注入了持久活力和鲜活生机。

党始终高度重视党政关系的调适。七十多年来，党政关系的形态发生了多次变化，反映了中国共产党高度重视将治理效能作为制度改革和治理体系完善的重要标准。历时性考察中国党政体制的演进历程及其历史逻辑，可以发现阶段性党政体制的形成并不是主观推演而付诸建构的结构，而是与当时的历史环境存在密切关系。例如，"党政合一"体制的形成既受到苏联模式的影响，也反映出局部执政时期党政体制的路径依赖。正是由于传统社会主义党政体制弊端的突显，改革开放后党和国家对制度体制进行了深入探索，提出党政分开的改革要求，并以加强和改善党的领导为指向，但这种探索也产生了一些问题。党的十三届四中全会后，在深刻总结改革正反两方面经验的基础上接续探索适合中国的党政体制，更加强调改革和完善党的领导方式和执政方式。党的十八大以来，面对"百年未有之大变局"，中国共产党从新型政党制度、新型政治制度、新

伟大社会革命

型文明形态的视角重构中国党政体制。尤其是党的十九届四中全会对党的执政所涉及的制度体系进行了全景式展现，描绘了中国特色社会主义制度优势图谱。体制机制、职能机构的接续改革为中国共产党的长期执政提供了动力源泉。为此，要以制度自信增进制度共识。

（五）始终坚持依法执政，推进国家治理现代化

坚持依法执政回答了党执政的时代取向问题。重视党规党纪建设和法律制度建设是党的优良传统，从党的一大通过的第一个纲领到党的二大通过的第一个章程，再到党的三大开始的历次党章修改，党始终重视以党内法规、纪律、规矩为规范要求强化党的建设和治理；从《中华苏维埃共和国宪法大纲》到《陕甘宁边区施政纲领》，再到新中国成立后第一部宪法及其历次修订，党高度重视宪法法律在国家治理中的重要价值。但是，"在内部没有民主制度，而受封建制度压迫；在外部没有民族独立，而受帝国主义压迫"①。近代中国革命时期，主要以政策进行领导和执政，长期认为"政策是革命政党一切实际行动的出发点，并且表现于行动的过程和归宿"②，这种思维方式和政治惯性在新中国成立

①《毛泽东选集》（第二卷），人民出版社1991年版，第542页。
②《毛泽东选集》（第四卷），人民出版社1991年版，第1286页。

160

后相当长的时期内产生了一定影响。从历史唯物主义的视角分析政策执政的价值，既有其历史产生的必然性，也有其时代的局限性。通过执政经验的总结，中国共产党深刻认识到要反对人治、坚持法治、倡导德治，这是中国共产党执政特殊规律的反映，也是对人类政治文明一般规律的反映，更为重要的是突显了中华文明所倡导的德治的独特价值。

从传统执政方式向现代执政方式的转变。而随着对"三大规律"认识的深化，党更加注重推动执政理念、执政方式、执政体制的现代化。经过长期努力逐渐建构起了中国特色社会主义法律体系和法治体系，为依法执政提供了法治规范。国家治理现代化是进入新时代提出的一个重大时代命题，推进国家治理体系和治理能力现代化必须实现法治化。依法执政是依法治国的关键，实现法治化更为重要的是形成法治思维和法治意识，首要的是在党内形成遵守党纪国法的原则、习惯和氛围。为此，一方面要求依法治党、依规治党，强调"反腐倡廉法规制度既'禁于未然之前'，又'禁于已然之后'"[①]；另一方面要求依法执政、依法治国，强调"坚持依法治国、依法执政、依法行政共同推进，

---

①《习近平关于全面从严治党论述摘编》，中央文献出版社2016年版，第188页。

坚持法治国家、法治政府、法治社会一体建设"①，这是党长期执政经验的深刻总结，也是历史发展的必然趋势。依法执政深刻反映了中国共产党的现代性取向，与世界发展趋势相协调、与国家发展目标相融合、与政党制度探索相适应。党在立足中国国情、总结中国实践、传承中国智慧的基础上对现代化和现代性进行中国界定，避免了"西方中心主义"的话语窠臼和思维束缚，以探索现代化规律的自觉和开辟现代化新路径的勇气赋予依法执政以新内涵。

全面领导、长期执政、执政为民、自主改革、依法执政这五个方面，深刻揭示了党的执政从哪里来、实现什么样的发展目标、坚持什么样的衡量标准、依靠什么样的前进动力、到哪里去等一系列基本问题，是对中国共产党执政经验的深刻反映。全面领导强调了党在国家社会中的核心地位，长期执政是对党的先进性和纯洁性、执政能力和领导水平的确认，执政为民是对执政理念、方式、实践的价值引导，自主改革是执政长期性、稳定性、科学性的重要保障，依法执政反映了执政的规律性取向。这五个方面辩证统一于新时代的党政体制中，集中体现了新型党政体制的政治原则性、时代适应性、自我革命性等特征，

---

① 习近平：《决胜全面建成小康社会 夺取新时代中国特色社会主义伟大胜利——在中国共产党第十九次全国代表大会上的报告》，《人民日报》2017年10月28日第1版。

有助于为坚持中国道路提供政治前提和发展动力。

二、科学明确伟大社会革命的历史方位

中国的伟大社会革命是一个长期的发展过程，体现了一般性与特殊性、历时性与共时性、继承性与创新性的辩证统一。新时代接续推进伟大社会革命，要系统把握其发展方向、时代环境和中心任务，确保方向不变、道路不偏、力度不减、定力不移，既不走封闭僵化的老路，也不走改旗易帜的邪路，在新时代的伟大变革中走出一条既具有中国特色又具有普遍意义的社会革命道路。

（一）理性把握伟大社会革命的发展方向

方向决定道路，道路决定命运。选择什么样的社会革命道路至关重要，这是关系当代中国发展和进步的根本问题、全局问题和长远问题。习近平总书记指出，"只有回看走过的路、比较别人的路、远眺前行的路，弄清楚我们从哪儿来、往哪儿去，

很多问题才能看得深、把得准"①。这启示我们要善于把握伟大社会革命的历史形态、现实形态和未来形态，从实然和应然的辩证关系中把握当前社会革命的趋势和要求。

中国的伟大社会革命是一种现代版，而不是简单延续我国历史文化的母版。当代中国的伟大社会变革，体现了鲜明的现代化取向。当代中国的伟大社会变革不是简单地延续中华历史文化的母版，而是中华文明创新性发展的当代形态。中国式现代化道路开创了新的文明形态，充分证明了多样性文明共同发展的可能性和必要性。新型文明形态在对中华优秀文化进行创造性转化和创新性发展的基础上，寻找到了克服"历史周期率"的方法，形成了中华政治智慧的新时代表达方式，也为其他国家克服"治理赤字"提供了中国方案和中国智慧。接续推进伟大社会革命，要坚持现代化取向，将中华文明的哲学理念、价值观念、道德思想、行为规范、社会理想、美学品格、辩证思维等与社会主义现代化强国建设需要结合起来，构建中华文明的现代形态。立足我国发展进入战略机遇和风险挑战并存、不确定难预料因素增多时期的现实，各种"黑天鹅""灰犀牛"事件随时可能发生。我们必须增强忧患意识，坚持底线思维，做到居安思危、未雨绸缪，准备经受风高浪急甚至惊涛骇浪的

①《习近平谈治国理政》（第三卷），外文出版社2020年版，第70页。

重大考验。为此，要始终坚持和加强党的全面领导、坚持中国特色社会主义道路、坚持以人民为中心的发展思想、坚持深化改革开放、坚持发扬斗争精神，主动识变应变求变，主动防范化解风险，不断夺取全面建设社会主义现代化国家新胜利。

中国的伟大社会革命是一种结合版，而不是简单套用马克思主义经典作家设想的模板。当代中国的伟大社会变革不是简单套用马克思主义经典作家设想的模板，而是具有鲜明特质的中国形态。近代以来的中国，从"西学东渐"到"欧风美雨"的冲击，从"以俄为师"到"以苏为鉴"的反思，从"中国特色"到"新型体系"的深化，我们摆脱了教条主义的窠臼，在马克思主义中国化命题指引下探索出了自己的社会主义建设道路，并且更加坚定了政党自信、国家自信、民族自信。接续推进伟大社会革命，要始终坚持"两个结合"，既注重马克思主义基本立场观点方法的现实运用，又注重中国经验的总结、中国理论的创新。

中国的伟大社会革命是一种创新版，而不是其他国家社会主义实践的再版。当代中国的伟大社会变革不是其他国家社会主义实践的再版，而是世界社会主义发展的独特性民族形态。不同于传统社会主义的中国特色社会主义，避免了世界社会主义范围内的路径依赖和制度惯性。中国的伟大社会革命不仅开创了中华民族发展史中的奇迹，而且深刻影响了世界社会主义和人类社会发展的历史进程。苏联式的社会主义现代化曾经在世界现代化发展史和世界社会主义运动史上产生广泛影响，但也因其内在的弊端而最终导致失败。我们接续推进伟大社会变革，要深入总结其他社会主义国家现代化探索和建设的经验教训，深入把握社会主义现代化建设的一般规律和特殊规律、普遍特征和地域特质之间的关系。

中国的伟大社会革命是一种中国版，而不是国外现代化发展的翻版。"独特的文化传统，独特的历史命运，独特的基本国情，注定了我们必然要走适合自己特点的发展道路。"①当代中国的伟大社会变革不是国外现代化发展的翻版，而是中国自主性探索现代化发展道路的创新形态。中国所开创的新型现代化道路取得的成就，充分印证了可行性、检验了有效性、展现了价值性，为广大后发现代化国家寻求行之有效的现代化道路提供了新的可能与路径。更为重要的是，中国在面对自身所取得的重大成就时，强调不输入别国模式，也不输出中国模式，而致力于确保国际关系民主化和维护各国平等发展权的基础上，构建人类命运共同体。接续推进伟大社会革命，要打破"西方中心主义"的思维禁锢，以新型的阐释体系和价值逻辑诠释中国的社会革命，通过增强意识形态领导权、管理权、话语权和

---

① 《习近平谈治国理政》（第一卷），外文出版社2018年版，第156页。

国际话语权，来捍卫自我解读、自我阐释的主动权和自主权。

（二）系统把握伟大社会革命的时代环境

深刻把握百年未有之大变局。"当今世界充满不确定性，人们对未来既寄予期待又感到困惑"①。立足国际关系体系演进的历史进程，从威斯特伐利亚体系到维也纳体系、凡尔赛—华盛顿体系、雅尔塔体系，都谋求一种相对平衡以保持国际均势，但最终都没有实现国际关系和谐化和国际格局长期稳定化。其根本原因在于其底层逻辑不合理，没有从国际政治主体和不同民族文明平等性角度进行国际关系建构，势必造成权利与义务结构性失调，给国际矛盾、争端和冲突的爆发埋下隐患。人类文明新形态从全球共同价值、人类前途命运和世界根本利益出发，为探求建构人类休戚与共的共同体提供了中国方案和智慧。

中国的发展已经与世界的发展实现了深度融合，我们要善于从国内和国际两个大局出发把握中国伟大社会革命的现实环境。以新冠疫情为主要表现形式的健康安全问题，已经成为威胁全球安全的重要问题。新冠疫情以非传统安全威胁的形式再度将"世界怎么了""我们怎么办"的问题摆在世界人民面前。

---

① 《习近平谈治国理政》（第二卷），外文出版社 2017 年版，第 537 页。

全球疫情危机的产生是疫情治理需求与治理供给之间的矛盾造成的。疫情的复杂化发展和无差别蔓延触发了全球危机，对全球治理体系构成了新的威胁、提出了新的挑战，全球治理体系的危机应对能力和各个国家的协调配合能力直接影响到疫情防控阻击的进度和效度。一般而言，对全球构成安全威胁的主要有两种形式，依据安全威胁生成的条件和展现的形式划分为传统安全威胁和非传统安全威胁，其中重大传染性疾病蔓延是非传统安全威胁的重要形式之一。

新航路开辟以后随着世界历史的展开，尤其是两极格局瓦解之后经济全球化和世界多极化的迅速发展，除军事、政治、外交冲突之外的经济安全、金融安全、生态环境安全、信息安全、资源安全、恐怖主义、武器扩散、疾病蔓延、跨国犯罪等非传统安全威胁，对主权国家乃至全球造成了日益严重的威胁。从根本上来讲，非传统安全威胁具有跨国性、突发性、转化性、主权性、动态性、协作性、不确定性等特点，而国家之间交往和联系的迅速发展与全球危机防范体制机制发展不相匹配，使得各种非传统安全威胁难以得到及时有效遏制。这既与各国的制度体制和政治环境相关，也与世界政治经济发展的不平衡相关。这启示我们，一方面，要深刻认识到威胁全球安全的形式逐渐多样化，不确定性不稳定性正在加剧其破坏力；另一方面，要坚持忧患意识、树立危机意识，建构起更加合理的全球治理体系，不断提升全球危机治理能力。

（三）科学把握伟大社会革命的中心任务

科学推进伟大社会革命要始终坚持矛盾的观点，科学分析和把握社会主要矛盾及其主要方面，才能使得社会革命有的放矢。而社会主要矛盾的判定和中心任务的明确是考验党的长期执政能力的重要方面，揭示共产党执政规律特别是长期执政规律也是国际共产主义运动和世界社会主义运动中的重要课题。中国在伟大社会革命进程中，创造了经济快速发展和社会长期稳定的"中国奇迹"，形成了党的长期执政、国家长治久安、人民安居乐业的"中国之治"，这些历史成就的创造离不开党的长期执政。而中国共产党作为一个长期执政党，既是一种基于历史事实的现实定位，也是一种基于应然要求的未来期待，党在长期执政过程中推进伟大社会革命深刻揭示了共产党的执政规律。

中国共产党始终坚持自觉运用辩证唯物主义和历史唯物主义，来分析中国现实问题，制定党的路线、方针、政策。习近平总书记指出，"我们要深刻认识经济基础对上层建筑的决定作用，深刻认识上层建筑对经济基础的反作用，既要有硬实力，也要有软实力，既要切实做好中心工作、为意识形态工作提供坚实物质基础，又要切实做好意识形态工作、为中心工作提供有力保障；既不能因为中心工作而忽视意识形态工作，也不能使意识形态工作游离于中心工作"[①]。一百多年来，我们党致力于为中国人民谋幸福、为中华民族谋复兴，紧紧围绕中国人民和中华民族的根本利益、整体利益、长远利益，创造了举世瞩目的、足以在历史长河中留下深刻印记的巨大成就，这些成就既改变了人民和民族发展的现实面貌，也深刻改变了人民和民族的精神状态；我们党致力于为人类谋进步、为世界谋大同，在独立自主中主动融入开放的世界，在推动国际关系民主化中重塑全球治理秩序，在合作共赢中构建人类命运共同体。天下为公，人间正道，这是我们党具有历史自信的最大底气。归根结底，是因为作为全国执政党和全面执政党，中国共产党没有辜负历史和人民的选择，没有辜负社会主义和马克思主义的期待，也没有辜负中华文明和中华民族的独特价值。对此，党的二十大报告明确指出，"坚持以经济建设为中心，坚持四项基本原则，坚持改革开放，坚持独立自主、自力更生，坚持道不变、志不改，既不走封闭僵化的老路，也不走改旗易帜的邪路，坚持把国家和民族发展放在自己力量的基点上，坚持把中国发

[①]《习近平关于社会主义文化建设论述摘编》，中央文献出版社2017年版，第21页。

展进步的命运牢牢掌握在自己手中"[1]。

　　伟大社会革命的历史成就是政党自信的坚实基础。党的历史自信是在新时代的历史交汇点上形成的客观历史认知和可贵精神状态,体现了真理性、价值性与政治性的统一,体现了实然性、应然性和建构性的统一。其一,从执政方法层面来看,历史自信底气的根源就在于中国共产党坚持真理性与价值性相统一,将人民群众的意志与自身的理论创新、制度建构、实践创造紧密结合起来,遵循实事求是和守正创新的原则,既不躺在历史的功劳簿上畏葸不前,也不超越历史阶段制定不切实际的空想目标,而是始终坚持通过自身的科学实践不断满足人民群众的各个层面的需要。其二,从执政成就层面来看,中国共产党领导中国人民创造了经济快速发展、社会长期稳定的两大"中国奇迹"。奇迹的创造离不开长期执政的政治保证、政治引领和政治规范,这也是中国共产党作为长期执政党区别于资本主义国家轮流执政党的重要优势。更为深层次的根源在于,无论是局部执政时期,还是全国执政时期,特别是在坚持党的集中统一领导和全面领导的同时,党始终坚持并不断完善靠人民执政、为人民执政的制度,形

---

① 习近平:《高举中国特色社会主义伟大旗帜　为全面建设社会主义现代化国家而团结奋斗——在中国共产党第二十次全国代表大会上的报告》,《人民日报》2022 年 10 月 26 日第 1 版。

成了长期执政、执政为民和有效执政的良性互动。其三，从执政规律层面来看，党在百余年奋斗中积累了宝贵的执政经验，特别是深刻揭示了马克思主义政党长期执政的规律。纵观世界政党政治发展史，中国共产党是唯一一个连续执政时间超过七十年的百年大党，基于这种事实，中国共产党是真正意义上的世界第一大执政党。党的历史自信就是基于科学的执政方法、执政成就、执政规律形成的时代认知。

"中国奇迹"和"中国之治"的形成和维持都离不开党长期执政能力的提升，接续推进伟大社会革命要以增强党的长期执政能力为切入口，切实解决好如下问题。其一，如何发扬斗争精神的问题。党的二十大报告不仅将"务必敢于斗争、善于斗争"作为"三个务必"的重要内容，而且将坚持发扬斗争精神作为全面建设社会主义现代化国家的重大原则，强调"增强全党全国各族人民的志气、骨气、底气，不信邪、不怕鬼、不怕压，知难而进、迎难而上，统筹发展和安全，全力战胜前进道路上各种困难和挑战，依靠顽强斗争打开事业发展新天地"[①]。进入新时代，我们党要做到在复杂形势面前不迷航、在艰巨斗争面前不退缩、在百年变局面前不偏向，就要坚持发扬斗争精神，把握现实斗争问题，

---

① 习近平：《高举中国特色社会主义伟大旗帜　为全面建设社会主义现代化国家而团结奋斗——在中国共产党第二十次全国代表大会上的报告》，《人民日报》2022年10月26日第1版。

掌握斗争阶段特点，切实增强斗争能力。要提升见微知著的能力，秉承问题意识，坚持辩证思维，透过现象看本质。要准确识变，在"变"与"不变"的历时性对比中，辩证分析"变"的时代动因、主要特点和复杂关系；要科学应变，以实事求是的原则和方法分析新问题、解决新课题、提出新路径，进而提出新概念、新观点、新理念；要主动求变，以伟大历史主动精神为指引提高预见性，以此确保洞察先机、趋利避害。其二，如何增强政党本领的问题。党在长期的革命、建设和改革的发展过程中形成了自身的本领体系，新时代要立足政党本领形成的历史逻辑、历史经验和历史规律，不断增强学习本领、政治领导本领、改革创新本领、科学发展本领、依法执政本领、群众工作本领、狠抓落实本领、驾驭风险本领等，形成有效应对各种风险挑战的政党本领体系。其三，如何强化执政基础的问题。夯实党的执政基础，既要在全面从严治党过程中增强执政主体能力，又要在发挥党密切联系群众的政治优势中增强人民群众的向心力和凝聚力。为此，尤其要紧密结合新媒体、全媒体的时代背景，创新互联网时代群众工作体制、机制、方法，始终做到为了群众、相信群众、依靠群众、引领群众，深入群众、深入基层、深入生活，在理论、实践和制度创新中不断满足人民群众不同层次的需要。

三、坚定保持伟大社会革命的内在特质

知往鉴来，学史明道。昨日是今日的历史，今日是明日的历史，历史描述了人类社会演进的图景。历史是从昨天走到今天再走向明天，历史的联系是不可能割断的，人们总是在继承前人的基础上向前发展的。尊重历史、总结历史是探索历史发展逻辑的必然要求，从历史进程中总结历史经验，把握社会规律，激发历史自觉，增强历史自信，是中国共产党始终坚持历史唯物主义的基本表现，也是中国共产党作为马克思主义政党的重要特质、优良传统和显著优势。党的十九届六中全会以高度的历史自觉，对党的百余年发展历程、宝贵经验、时代意义进行了系统总结，有效增强了中国人民和中华民族对党的全面领导和长期执政能力的自信，对中华民族伟大复兴在不可逆转的历史进程中创造新的时代伟业的自信，这对我们在新时代开启第二个百年奋斗目标，全面建设社会主义现代化强国具有重要意义。

（一）坚持实事求是，实现守正创新

全面深化改革体现国家治理现代化的时代要求。全面深化

改革话语是新时代革命话语体系的重要组成部分，形成了革命话语与改革话语相融合的时代新形态。改革开放四十多年的历程中，"改革开放"作为一个固定化、制度化的概念经历了一个逐渐演化的过程，进入新时代生成了"全面深化改革"的话语表达，并且改革话语与治理话语、制度话语共同构成了新时代中国特色话语体系。

社会主义不是一成不变的，全面深化改革是完善制度体系客观要求。事物普遍发展的规律决定了任何社会都不是凝固不变的状态，社会主义社会同样如此，追求变革是遵循客观规律的必然要求。新中国成立后，我们建构起了根本制度和基本制度的主要框架，并在建设和改革历程中逐渐形成了具有显著优越性和强大生命力的制度体系，但实现制度成熟定型的战略任务仍需要进行自主接续的改革。中国制度是内生性演化逻辑作用的结果，展现制度优越性、增强制度回应性、提升制度适应性就要对体制机制弊端进行重塑性改革。

改革是中国的第二次革命，全面深化改革是实现现代化目标的动力。改革开放之初，改革话语与革命话语进行了深入对接，将改革话语纳入革命话语广义范畴之中，从而为改革开放提供了合理性基础和历史性资源。这种对接是在"最大的政治"论断中得以实现的，中国共产党历来重视中心任务的提取和政治路线的制定，通过高度凝练的话语、命题、论断等形式将党在特定历史阶段的中心任务进行表达，从而形成具有强大传播力、认同力的话语形态。改革开放进程中分别将经济建设、总路线、社会主义现代化、民心等视为"最大的政治"，从而将党的初心使命、国家中心任务、民族复兴进程进行了价值衔接和话语关联。尤其是新时代全面深化改革的话语表达更加深入地融入了国家治理现代化进程之中。

推动实现国家治理现代化，全面深化改革是塑造新治理秩序的需要。治理秩序是一个国家稳定发展的前提条件，不同的制度体系塑造出不同的治理秩序。经过长期发展，"中国之制"在开创了经济快速发展和社会长期稳定的"中国奇迹"的过程中，逐渐形成了富有中国特色的治理秩序。面对"中国之制"开创的"中国之治"，以及"西方之制"遭遇的"西方之乱"，我们在进行制度自视、形成制度自觉、树立制度自信的基础上，对制度体系和治理体系提出了符合历史规律和时代要求的发展目标，既确保中国制度的本质属性，又不断提升治理现代化水平。全面深化改革的话语表达，有助于我们更加全面客观地理解国家治理现代化的进程与诉求。

（二）总结历史经验，遵循发展规律

重视吸取和转化历史经验是党的优良传统，也是党的鲜明

特点和鲜明优势。这一历史活动贯穿党领导革命、建设、改革的全过程，在党史、新中国史、改革开放史、社会主义发展史以及中华民族发展史中发挥了重要作用，不仅具有独特的中国意义，而且具有广泛的世界价值。党自成立以来就根据各个历史时期不同形势任务的要求，对自身积累的丰富经验从不同视角进行总结归纳，并运用马克思主义基本立场、观点、方法进行理论化总结，形成了一系列思想成果。这些经验从不同视角审视可以划分为不同类型，并且以多样形式加以呈现。在百余年历程中，党对自身领导革命、建设、改革的经验进行了接续性、积累性总结，这些经验对中国共产党自身建设发展以及民族独立、人民解放和国家富强、人民幸福、民族复兴具有独特价值，对世界社会主义发展和变革全球治理秩序也具有重要意义。

总结历史经验是党的一贯性传统。中国共产党高度重视经验总结的作用和意义，在百余年发展史中形成了总结历史经验的优良传统。无论是革命战争时期，还是和平建设时期，抑或是新时代推进国家治理现代化和中华民族伟大复兴的关键时期，党始终将总结经验置于重要位置。纵观百余年党史，中国革命道路的开辟不仅充分借鉴了国际共产主义运动的经验，而且对中国共产党自身领导革命正反两方面的经验进行了深刻总结，基于此才真正开辟了能够解决中国问题的革命道路。在这个过程中，毛泽东同志指出科学地总结经验"会给我们全党一个推动力，使我们的工作比过去做得更好些"①。改革开放和社会主义现代化建设新时期，在回答"什么是社会主义，怎样建设社会主义"这一基础性、根本性重大时代课题中，邓小平同志强调，"对的要继续坚持，失误的要纠正，不足的要加点劲。总之，要总结现在，看到未来"②。进入 21 世纪，江泽民同志提出"要善于总结经验，坚持真理，纠正错误，谦虚谨慎"③。新时期新形势下，胡锦涛同志强调要不断"深化认识，总结经验，把握规律，开拓创新"④。进入新时代，为了适应新的发展形势和斗争形式，习近平总书记指出，"世界的今天是从世界的昨天发展而来的。今天世界遇到的很多事情可以在历史上找到影子，历史上发生的很多事情也可以作为今天的镜鉴。重视历史、研究历史、借鉴历史，可以给人类带来很多了解昨天、把握今天、开创明天的智慧"⑤。

由此可以发现，中国共产党始终注重在历史中观照现实、从历史中发现未来。中国共产党不仅注重经常性的经验总结，而且注重集中性的经验总结。进入新时代，为深入系统全面总

---

① 《毛泽东文集》（第七卷），人民出版社 1999 年版，第 86 页。
② 《邓小平文选》（第三卷），人民出版社 1993 年版，第 308 页。
③ 《十五大以来重要文献选编》（下），人民出版社 2003 年版，第 1901 页。
④ 《十七大以来重要文献选编》（下），中央文献出版社 2013 年版，第 149 页。
⑤ 《习近平致第二十二届国际历史科学大会的贺信》，《人民日报》2015 年 8 月 24 日第 1 版。

结百年党史的伟大成就和宝贵经验，我们召开了庆祝中国共产党成立 100 周年大会和党的十九届六中全会，其现实指向就是我们要用历史映照现实、远观未来，从中国共产党的百年奋斗中看清楚过去我们为什么能够成功、弄明白未来我们怎样才能继续成功，从而在新的征程上更加坚定、更加自觉地牢记初心使命、开创美好未来，并将善于总结经验的优良传统传承发扬下去。

（三）把握历史主动，增强历史自信

总结经验体现了党的历史自觉，也为增强党的历史主动提供了智慧与力量。立足新时代，回应新要求、迎接新挑战、肩负新使命、实现新目标，我们要在历史经验智慧的学习运用中提升历史自觉、把握历史主动。习近平总书记指出："进一步把握历史发展规律和大势，始终掌握党和国家事业发展的历史主动。"[1]历史发展是一个自然历史过程，有其内在的规律和趋势，但是人在其中并不是完全处于被支配的被动地位，而可以在科学认识历史规律的基础上形成历史主动，以主体自觉来掌握、利用规律，从而有助于将精神力量转化为物质力量，为

---

[1] 习近平：《在党史学习教育动员大会上的讲话》，《求是》2021 年第 7 期。

实现人的自由全面发展、社会全面进步和全面建设社会主义现代化提供主体力量。

历史自信源于历史成就，源于历史经验，也源于对历史规律的把握。中国共产党成立百余年来，始终把为中国人民谋幸福、为中华民族谋复兴作为自己的初心使命，始终坚持共产主义理想和社会主义信念，团结带领全国各族人民为争取民族独立、人民解放和实现国家富强、人民幸福而不懈奋斗，书写了中华民族几千年历史上最恢宏的史诗。这些历史性成就的取得，不仅在于中国共产党科学把握了历史规律，还在于中国共产党将人民群众的意志转化为党的主张，并将党的主张转化为人民群众的自觉行动。

历史自信是时代发展的现实需要，历史认知是历史自信的重要基础。历史自信作为一种历史认知和精神状态，不是单纯逻辑建构的产物，而是历史主体在实践中逐渐形成的，关于自身历史创造和成就的主观反映，展现了新时代中国共产党人和中国人民、中华民族的精神状态。中国共产党的历史自信和中国人民、中华民族的历史自信有着坚实的基础，这种自信是从历史中鲜活的实践、巨大的成就中生成并不断强化的。为此，要在大历史观中认识历史自信。历史自信源于历史成就，源于历史经验，也源于对历史规律的把握。中国共产党成立百余年来，始终把为中国人民谋幸福、为中华民族谋复兴作为自己的初心使命，始终坚持共产主义理想和社会主义信念，团结带领全国各族人民为争取民族独立、人民解放和实现国家富强、人民幸福而不懈奋斗，书写了中华民族几千年历史上最恢宏的史诗；中国共产党成立百余年来，始终致力于为人类谋进步、为世界谋大同，始终做世界和平的建设者、全球发展的贡献者、国际秩序的维护者。概言之，天下为公，人间正道，展现了我们党具有历史自信的最大底气。这些历史性成就的取得，不仅在于中国共产党科学把握了历史规律，而且在于中国共产党始终保持先进性，以高度的责任感、使命感将人民群众的意志转化为党的主张，并将党的主张转化为人民群众的自觉行动，真正将历史主体的力量转化为了增强历史主动和坚定历史自信的坚实基础。

勿忘昨天的苦难辉煌，无愧今天的使命担当，不负明天的伟大梦想。新时代坚定历史自信，对增强斗争精神、掌握历史主动、强化主体自觉具有重要意义。为此，我们要将历史自信有效转化为新时代发展的强大动力，一是要在历史经验总结中把握历史规律。历史发展具有内在的客观规律，历史经验的总结是揭示历史规律的重要形式和必要环节，历史逻辑的分析是形成正确历史观念和历史认知的重要基础。历史经验的积累和历史规律的揭示是形成历史自信的重要条件，新时代要基于此以科学的方法有效维护党的长期执政、国家长治久安和社会长期稳定。二是要在历史自信中坚定发展方向。历史不仅展现了我们"从哪里来"的图景，而且指明了我们"向何处去"的方向。总结历史经验有助于我们明确历史起点、历史拐点和历史主题主线、主流本质，新时代要通过坚定历史自信确保我们党不变质、不变色、不变味，确保国家发展不改向、不变轨、不易道。三是要在历史自信中凝聚广泛共识。百余年党史中取得的巨大成就，是新时代坚定历史自信的重要条件，更是我们坚定政党自信、国家自信、民族自信的宝贵资源。新时代要切实通过理论、实践和制度创新，推进历史自信的学习宣传教育，在广大人民群众中凝聚起广泛的共识，形成强大的历史合力，真正掌握中华民族伟大复兴的历史主动。

（四）坚定战略定力，强化自觉意识

战略定力是考验一个政党和一个国家政策和战略接续性的重要条件，也是评价一个执政党能否维护国家长治久安和社会长期稳定的重要标准。尤其是对于我们这个世界上最大的发展中国家实现社会主义现代化而言，需要"我们始终从国情出发想问题、作决策、办事情，既不好高骛远，也不因循守旧，保

持历史耐心，坚持稳中求进、循序渐进、持续推进"①。坚持战略思维是中国共产党人长期以来形成的重要传统，新时代接续推进伟大社会革命，更要从战略高度和全球视角对党和国家的各项事业进行顶层设计与整体布局，如此才能有效应对各种不确定性、不稳定性因素，增强发展的预见性和预期性，整合各种资源和有利条件，善于将消极因素转化为积极因素，凝聚新时代伟大社会革命的时代合力。

1. 继承性与创新性相统一

知古方能鉴今，温故才能知新。总结历史、自我扬弃是党始终保持的优良传统，在党百余年的发展历程中我们形成了阶段性总结历史经验教训的基本惯例，为彰往察来、见微知著提供了政治机制。改革开放之初，邓小平同志不仅将中国制度体制放在中华人民共和国史中进行审视，而且从世界社会主义史和中华民族发展史的角度进行追根溯源，深刻揭示了造成体制机制弊端的传统性影响因素和输入性影响因素，从而为确立制度继承原则和改革体制弊端提供了正确方向，并为明确制度继承与制度创新之间的关系提供了直接指引。

进行历史反思和制度自视是正确认识当下和实现创新发展的

---

① 习近平：《高举中国特色社会主义伟大旗帜　为全面建设社会主义现代化国家而团结奋斗——在中国共产党第二十次全国代表大会上的报告》，《人民日报》2022 年 10 月 26 日第 1 版。

重要基础。正确处理中国制度继承与创新之间的关系，就要坚持大历史观和树立长时段思维。从世界历史、社会主义发展史和中华文明史的大视角中审视制度的合理性和局限性，从而立足当今世界百年未有之大变局、世界社会主义重新焕发生机、中华民族伟大复兴正值关键期的世情、国情，全面客观审视中国国家制度和国家治理体系。既要坚定制度自信，又要形成制度自觉，以坚定的政治定力和改革创新精神实现新时代的伟大革命。

2. 工具性与价值性相统一

制度改革有着现实必要性和历史必然性，反映了经济基础与上层建筑之间的矛盾运动关系，但中国的体制机制变革与调适始终秉承制度改革的价值原则。当代中国的伟大社会变革，不是简单延续我国历史文化的母版，而是中国传统政治智慧创造性转化与创新性发展的新成果，要遵循本土性逻辑，彰显中国文明的古老魅力和时代力量；不是其他国家社会主义实践的再版，而是中国实践开创的一种社会主义新样态，要遵循内生性逻辑，彰显社会主义的本质要求和内在规范；不是简单套用马克思主义经典作家设想的模板，而是在应然与实然之间不懈探索的创举，要遵循实践性逻辑，彰显马克思主义时代化的价值；不是国外现代化发展的翻版，而是在党的领导下自觉探索中国道路的形式，要遵循自主性逻辑，独立自主建构符合中国自身实际的制度体系和治理体系。

制度改革是工具性与价值性的统一。制度体制改革是改革开放进程中的重要任务，但这种改革并不是终极追求。正如邓小平同志指出，进行党政体制改革是为了加强和改善党的领导，是为了增强党和国家的活力，是为了彰显社会主义制度优越性。这就启发我们要处理好改革实践与改革目标、标准之间的关系，在改革开放的进程中，相继提出了"四项基本原则""三个有利于""八个能否"等标准要求，为推进制度体制改革提供了规范体系和价值原则。新时代推进制度体系成熟定型的任务依然艰巨，要自觉将提升制度的现实回应性与时代适应性、社会引领性、文明创造性结合起来，通过完善制度改革标准体系推动贡献中国制度方案。

3.探索性与战略性相统一

坚持改革的规律性和必然性，以实践为标准衡量制度效能。我们对规律的认知总是一个波浪式前进的过程，因而建构起科学化、现代化、高效化制度体系是一个接续深化的探索过程。邓小平同志立足改革开创之初拨乱反正和经验不足的状况，肯定了制度试验的价值，从而为制度探索提供了发展空间，促进了制度探索、改革、建构之间的良性互动。进入新时代，我们坚持将"顶层设计"与"摸着石头过河"相结合，以中国制度发展的内生性逻辑为基础，将问题意识与战略思维结合起来，既关注回应当下亟待解决的现实问题，也谋划设计制度体制现代化发展的时代问题。

坚持改革的接续性和渐进性，将党的"自我革命"精神融入自觉的制度改革与完善之中。中国制度的实践探索性与战略发展性是辩证统一的，并通过党的组织优势和政治优势加以转化。中国共产党人始终保持着时代责任感和历史使命感，将制度发展置于社会主义现代化的总过程中进行考虑，邓小平同志指出，这个任务，我们这一代人也许不能全部完成，但是，至少我们有责任为它的完成奠定巩固的基础，确立正确的方向。在改革开放进程中就提出了制度成熟化、定型化的任务，1992年邓小平同志在南方谈话中指出，"恐怕再有三十年的时间，我们才会在各方面形成一整套更加成熟、更加定型的制度"①。进入新时代，习近平总书记指出要做好顶层设计，要有"功成不必在我"的境界和"功成必定有我"的担当，一张蓝图干到底，以钉钉子精神，脚踏实地抓成效，积小胜为大胜。并且，党的十九大报告中明确提出了到本世纪中叶实现国家治理体系和治理能力现代化的战略任务，这一目标要求和战略部署在党的二十大报告中进一步作了政治确认。

---

① 《邓小平文选》（第三卷），人民出版社1993年版，第372页。

四、以伟大自我革命引领伟大社会革命

纵观中国共产党成立以来的历史，可以发现，党的历史既是自身进行自我革命的历史，也是领导中国人民和中华民族实现伟大社会革命的历史，这一历史进程同样也是马克思主义中国化的历史和中华民族伟大复兴的历史，历史和实践证明，中国共产党的命运已经与马克思主义的发展、中国人民的解放和幸福、中华民族的伟大复兴紧密地联系在一起，这是历史的人民在历史风云变幻中郑重作出的选择。全面从严治党永远在路上，党的自我革命永远在路上。立足新时代，"'把党建设成为始终走在时代前列、人民衷心拥护、勇于自我革命、经得起各种风浪考验、朝气蓬勃的马克思主义执政党。'这既是我们党领导人民进行伟大社会革命的客观要求，也是我们党作为马克思主义政党建设和发展的内在需要"[①]，以党的自我革命接续引领伟大社会革命关系到中国人民和中华民族的前途命运。

---

①《习近平关于"不忘初心、牢记使命"论述摘编》，党建读物出版社、中央文献出版社 2019 年版，第 171 页。

（一）发挥内在优势，秉承革命精神

坚持自我革命是党在百年奋斗历程中积淀而成的宝贵经验。党的十九届六中全会通过的《中共中央关于党的百年奋斗重大成就和历史经验的决议》强调，总结党的百年奋斗重大成就和历史经验，是推进党的自我革命、提高全党斗争本领和应对风险挑战能力、永葆党的生机活力、团结带领全国各族人民为实现中华民族伟大复兴的中国梦而继续奋斗的需要。这充分体现了总结党的历史经验与坚持党的自我革命精神之间的密切关系，新时代坚持党的全面领导和长期执政需要一以贯之秉承党的自我革命精神。"在进行社会革命的同时不断进行自我革命，是我们党区别于其他政党最显著的标志，也是我们党不断从胜利走向新的胜利的关键所在。"①新时代接续推进伟大社会革命，就要坚持党要管党，全面从严治党。

1.勇于自我革命是党区别于其他政党的显著标志

自我革命是中国共产党的鲜明标识，是党区别于其他政党的显著标志，也是我们党不断从胜利走向新的胜利的关键所在。百余年来，党以高度的主体自觉接续推进自我革命。进入新时

---

① 《习近平关于"不忘初心、牢记使命"论述摘编》，党建读物出版社、中央文献出版社 2019 年版，第 175 页。

代，习近平总书记高度重视自我革命精神的历史作用和时代价值，特别是在面对党内存在的政治不纯、思想不纯、组织不纯、作风不纯等突出问题时，强调党的自我革命任重而道远，决不能有停一停、歇一歇的想法。

其一，自我革命是党的宝贵精神。勇于自我革命，从严管党治党，是我们党最鲜明的品格，也是我们党最大的优势。纵观百余年党史可以发现，党自诞生以来就始终坚持马克思主义政党的性质与宗旨，始终秉承自身的理想与信念，始终围绕着中国人民和中华民族的根本利益和长远利益坚守初心与使命，敢于刀刃向内、勇于自我革命，在生死斗争和艰苦奋斗的历程中经受住了不同时期、不同层面、不同领域的各种风险考验，付出了巨大的牺牲，锤炼出了鲜明的政治品格和宝贵的精神品质，形成了以伟大建党精神为源头的中国共产党人的精神谱系。党的精神谱系从实质上来讲，都是党在自我革命过程中创造的精神财富。中国共产党之所以能够创造举世瞩目的历史性成就，离不开党"敢于刀刃向内，敢于刮骨疗伤，敢于壮士断腕，防止祸起萧墙"[1]的自我革命精神。

其二，自我革命是党的优良传统。中国共产党始终是一个革命性政党，在革命实践锻炼中形成了自我革命的优良传统。

---

[1]《习近平关于"不忘初心、牢记使命"论述摘编》，党建读物出版社、中央文献出版社 2019 年版，第 172 页。

坚持自我革命是由党的政治属性决定的，马克思、恩格斯在《共产党宣言》中庄严宣告："过去的一切运动都是少数人的，或者为少数人谋利益的运动。无产阶级的运动是绝大多数人的，为绝大多数人谋利益的独立的运动。"①中国共产党没有任何自己特殊的利益，从来不代表任何利益集团、任何权势团体、任何特权阶层的利益。这就要求党要通过不断地自我审视、自我净化和自我提高来确保自身发展的方向不偏、道路不变，始终成为时代先锋和民族脊梁，始终成为马克思主义执政党。

其三，自我革命是党的独特优势。党在领导革命、建设、改革和治理的过程中，将党的自我革命与党的领导、党的执政紧密结合起来，形成了以党的自身建设推动党的事业发展的良好互动关系和独特政治优势，始终保持"赶考"的清醒，保持对"腐蚀""围猎"的警觉，切实发挥了全面从严管党治党政治优势。面对百年未有之大变局，习近平总书记强调，"越是长期执政，越不能丢掉马克思主义政党的本色，越不能忘记党的初心使命，越不能丧失自我革命精神"②。要从世界政党政治发展史和马克思主义政党执政史中吸取经验教训，坚定自我革命优势，增强政党自信。

①《马克思恩格斯选集》（第一卷），人民出版社2012年版，第411页。
②《习近平谈治国理政》（第三卷），外文出版社2020年版，第529页。

2. 自我革命精神是党永葆青春活力的强大支撑

自我革命精神是百余年来中国共产党始终保持生机活力、始终站在时代前列的内在精神力量和主体条件。习近平总书记指出，"党要领导人民推进伟大社会革命、实现民族伟大复兴，就必须发扬自我革命精神，深入推进全面从严治党的决心不能动摇、要求不能降低、力度不能减弱"①。中国共产党始终保持强烈的历史使命感和时代责任感，坚持在直面问题、坚持真理、修正错误、总结经验中，实现积累性发展和接续性进步。

其一，始终坚持问题导向。先进的马克思主义政党不是天生的，党的先进性总是具体的历史的和发展变化的，需要在不断自我革命中淬炼而成。随着党内外环境的变化，党在领导和执政中会遇到各种困难、挑战与挫折。习近平总书记强调，"坚持问题导向，以自我革命的政治勇气，着力解决党内存在的各种问题"②。要确保党和人民事业发展到什么阶段，全面从严治党就要跟进到什么阶段，坚持严字当头，把严的要求贯穿管党治党的全过程和各方面，以自我革命的政治勇气和精神动力着力解决党内存在的突出问题、根本问题、现实问题，真正做到管党有方、治党有力、建党有效。

---

① 《习近平关于"不忘初心、牢记使命"论述摘编》，党建读物出版社、中央文献出版社 2019 年版，第 173 页。
② 《习近平关于全面从严治党论述摘编》，中央文献出版社 2016 年版，第 13 页。

其二，敢于自我纠正错误。自我纠正错误展现了马克思主义政党的高度自信，是马克思主义者始终坚持历史唯物主义和辩证唯物主义的重要体现。党历经百余年沧桑而更加充满活力，其真正的奥秘就在于始终坚持真理、修正错误，从实事求是中审视历史、观察现实、发现未来。在中国，建设社会主义事业是一项崭新的事业，探索的过程存在诸多的可能性与偶然性，从纷繁复杂的现象和瞬息万变的局势中始终坚持正确发展方向，既要具有坚定的政治定力和战略定力，也要善于从自身实践中把握历史规律。与此同时，党将批评和自我批评作为自身的优良传统来加以继承和发扬，并注重通过加强党内监督和接受人民监督，来不断纯洁党的思想、纯洁党的组织、纯洁党的作风、纯洁党的肌体。

其三，提高自我革新能力。党的伟大不在于不犯错误，而在于从不讳疾忌医，积极开展批评和自我批评，敢于直面问题，勇于自我革命。这是对历史经验的深刻总结，也是对党的优势的高度把握。坚持自我革命是提高党的自我革新能力的内在支撑。百余年来，党始终以理论武装凝心聚魂，以整饬作风激浊扬清，以严明纪律强化约束，以从严治吏匡正用人导向，同一切弱化先进性、损害纯洁性的问题作斗争，祛病疗伤，激浊扬清，在实践中切实增强了党进行自我革新和自我完善的能力。

（二）明确政党定位，保持政党属性

党的自我革命彰显马克思主义政党的内在本质。"不忘初心，牢记使命，就不要忘记我们是共产党人，我们是革命者，不要丧失了革命精神。"[①]革命精神不仅要体现在社会革命中，还要体现在自我革命中。中国共产党作为领导党、革命党、执政党的统一体，是一个始终保持自我净化、自我完善、自我革新、自我提高意识与能力的马克思主义政党。与此同时，无论是从政治实践的历史事实来讲，还是从政治发展的未来期待来讲，可以将中国共产党定位为马克思主义长期执政党。"我们党作为世界上最大的马克思主义执政党，要始终赢得人民拥护、巩固长期执政地位，必须时刻保持解决大党独有难题的清醒和坚定。"[②]新时代党明确提出了"自我革命"的命题，以历史自觉进行历史经验总结和政党自视，以现实自觉推进全面从严治党和政党治理，以时代自觉彰显制度优势和政党自信。

长期执政党的政党定位，为自我革命提供了明确目标。建设一个什么样的党，以及采取什么方式建设一支始终保持先进性和纯洁性的党，是贯穿党的发展历史的重大问题。党成立百

①《习近平谈治国理政》（第三卷），外文出版社 2020 年版，第 70 页。
② 习近平：《高举中国特色社会主义伟大旗帜　为全面建设社会主义现代化国家而团结奋斗——在中国共产党第二十次全国代表大会上的报告》，《人民日报》2022 年 10 月 26 日第 1 版。

余年来一以贯之地坚持推进自身建设，逐渐形成了全面从严治党制度，建构起了完善的政党治理体系。政党政治时代取得并维持执政地位是政党的首要目标，明确长期执政党的定位既有助于明确党自我革命的现实指向，也有助于理顺政党关系、党政关系和党群关系，充分发挥新型政党制度、新型党政体制、新型党群关系的时代价值。

全面领导党的政治定位，为自我革命提供了现实场域。全面领导解决的是国家范围内不同主体的政治关系问题，其逻辑起点是领导权。近代以来在探寻救亡图存道路的过程中，以马克思主义与中国工人运动相结合的形式解决了革命领导权问题，也为开创中国道路提供了坚实政治基础。中国共产党不仅是领导党，而且是全面领导党，这明确了党在中国政治体系中的政治地位，也展现了民主集中制原则在中国的运行形态。新时代在强调党对一切工作的领导和党的全面领导制度优势中，为党的自我革命提供了现实着力点和主要作用点。

自我革命党的主体定位，为初心使命注入了生机活力。在长期发展中，中国共产党不但将党的建设视为革命胜利的"三大法宝"之一，而且得出了"办好中国的事情，关键在党"的重大论断，充分概括了党在领导革命、建设和改革中的主体价值。进入新时代，党进一步认识到打铁必须自身硬，提出管党有方、治党有力、建党有效的要求，以壮士断腕的勇气和抓铁有痕、踏石留印的魄力，对自身进行了重塑性革命。党在自我审视、剖析和总结的基础上将自我革命与初心使命进行深度融合，在激发党的生机活力的同时也为建构新的政治生态提供了核心要素。

（三）不忘初心使命，坚定理想信念

用党的创新理论武装全党是党的思想建设的根本任务。坚定理想信念，不是一阵子而是一辈子的事。党的十九届四中全会提出建立不忘初心、牢记使命制度，这是"不忘初心、牢记使命"主题教育常态化的重要机制，也是实现这种党内教育形式长效化的制度成果，体现了党推进制度建构和完善的内在自觉。党的二十大报告明确提出"三个务必"，将初心使命作为其中的首要内容，充分彰显出"不忘初心、牢记使命"在党的发展中的重要性。不忘初心才能方得始终，牢记使命才能行稳致远。中国共产党领导是中国特色社会主义最本质的特征，是中国特色社会主义制度的最大优势，党是最高政治领导力量。这是中国共产党在新中国史、改革开放史中得出的宝贵经验，也是对中国近现代史、世界社会主义发展史内在规律的深刻总结。党的领导的优势是中国特色社会主义制度其他方面优势展现和发挥的前提与基础，坚持和增进这种优势就要不断完善党的领导体系、增强党的执政水平、提升党的治理能力。建立不忘初心、牢记使命制度，是实现这种目标的制度化路径。

1. 建立不忘初心、牢记使命制度，为人民幸福提供根本保证

建立不忘初心、牢记使命制度是对党百年奋斗历史经验深刻总结和转化的结果。党的根基在人民、血脉在人民、力量在人民，人民是党执政兴国的最大底气。民心是最大的政治，正义是最强的力量。党的最大政治优势是密切联系群众，党执政后的最大危险是脱离群众。党代表中国最广大人民根本利益，没有任何自己特殊的利益，从来不代表任何利益集团、任何权势团体、任何特权阶层的利益，这是党立于不败之地的根本所在。只要我们始终坚持全心全意为人民服务的根本宗旨，坚持党的群众路线，始终牢记江山就是人民、人民就是江山，坚持一切为了人民、一切依靠人民，坚持为人民执政、靠人民执政，坚持发展为了人民、发展依靠人民、发展成果由人民共享，坚定不移走全体人民共同富裕道路，就一定能够领导人民夺取中国特色社会主义新的更大胜利，任何想把中国共产党同中国人民分割开来、对立起来的企图就永远不会得逞。以制度化的形式对党不忘初心、牢记使命进行确认和强化，有助于为党始终坚持执政为民提供常态化保障。

进入新时代，中国共产党建立不忘初心、牢记使命制度，有助于实现党的性质、宗旨、初心、使命与新时代世情、国情、

党情的深相结合。在新时代，只有始终坚持党政军民学、东西南北中，党是领导一切的，坚决维护党中央权威，健全总揽全局、协调各方的党的领导制度体系，把党的领导落实到国家治理各领域各方面各环节，才能将党的全面领导优势与以人民为中心的价值取向紧密结合，才能始终将群众路线作为党的根本工作路线，与党在社会主义初级阶段的基本路线、基本纲领、基本方略紧密结合，才能将立党为公、执政为民的执政理念与人民群众不断增长的美好生活需要紧密结合起来，将为人民谋幸福的初心转化为不断增强人民群众获得感、幸福感、安全感的实际行动。

2. 建立不忘初心、牢记使命制度，为民族复兴进行政治宣誓

近代以来的中华民族经历了一个整体觉醒、重新整合、奋发自强的过程，而这个过程的实现并不是自发完成的，而是在一个自觉的无产阶级政党领导下实现的。中国共产党之所以能够肩负起民族复兴的使命，一个重要的原因就是坚持了马克思主义并不断推进了马克思主义的中国化时代化。"没有革命的理论，就不会有革命的运动"[1]，正是在科学理论的指导下中华民族复兴才走上了正确的道路。中国共产党不仅是中国道路的开创者，也是中国道路最坚定的坚守者。自五四运动无产阶

---

[1]《列宁全集》（第二卷），人民出版社 2013 年版，第 445 页。

级登上中国政治舞台以来的历史，其主流就是在中国无产阶级及其政治代表中国共产党的领导下探索、创立并坚持、发展中国道路的过程。在这个过程中存在着一个政治前提，也就是无产阶级领导权问题，这个问题是中国革命的中心问题，也是关系中国革命成败和民族前途命运的关键问题。中国共产党领导中国革命的过程也是确认无产阶级领导权合理性的过程，正是这一基本问题的科学解决奠定了中国革命胜利和中华民族复兴的政治基础。换言之，中国共产党所代表的中国无产阶级肩负起了民族复兴的使命，意味着民族复兴走上了正确的道路。

新时代中国共产党建立不忘初心、牢记使命制度，有助于增强全体党员的历史责任感和时代使命感。"登高望远、居安思危，勇于变革、勇于创新，永不僵化、永不停滞"①，这是中国共产党的时代自觉。中国共产党将这种自觉转化为最广大人民的自觉，引导、支持、鼓励广大人民在爱国统一战线中为社会主义现代化建设贡献自身力量。中国共产党不仅领导中国革命取得了成功，而且通过社会主义改造实现了"和平过渡"，建构起了社会主义制度，并在追求马克思主义基本原理同中国具体实际相结合的过程中探索出了一条符合中国国情的中国道路。新时代在实现民族复兴的历史征程中，进行伟大斗争就要

---

①《习近平谈治国理政》（第三卷），外文出版社2020年版，第2页。

坚持用共产主义远大理想和中国特色社会主义共同理想凝聚全党、团结人民，用习近平新时代中国特色社会主义思想武装全党、教育人民、指导工作，夯实党执政的思想基础。坚守中国共产党人的初心与使命不仅是一种政治属性的表现形式，而且是一种民族命运的当代映射，中国共产党人肩负着推动拥有十四亿人口大国进步和发展、确保拥有五千多年文明史的中华民族实现"两个一百年"的奋斗目标的历史重任，这决定了必须坚持不懈锤炼党员、干部忠诚干净担当的政治品格，使一切工作顺应时代潮流、符合发展规律、体现人民愿望，确保党始终走在时代前列、得到人民衷心拥护。

3. 建立不忘初心、牢记使命制度，为世界大同贡献中国力量

中国共产党不仅致力于为中国人民谋幸福、为中华民族谋复兴，而且致力于为世界谋大同、构建人类命运共同体。这是中国共产党人初心与使命的应有之义，也是社会主义国家对历史必然性的深刻把握。面对一些国家出现的"民主衰退""政党衰败""治理失效""国家失败"以及政治极化等现象，形成鲜明对比的是中国在迎接挑战、防范风险、应对危机方面积累了宝贵经验、提出了独特方案、开拓了崭新途径。中国不仅在以独特的方式贡献中国智慧和中国方案，而且以中国特色社会主义的强大生命力和巨大优越性展现中国力量和中国价值。谋求世界大同不仅有着深刻的理论渊源，而且有着深刻的中华

文化根据。2017 年 12 月，习近平总书记在中国共产党与世界政党高层对话会上指出，"中华民族历来讲求'天下一家'，主张民胞物与、协和万邦、天下大同"①。大同思想是中华民族对未来理想社会的构想，早在 2000 多年前的春秋时期，儒家学说的创始人孔子就阐发了对大同社会的构想，"大道之行也，天下为公"。这种思想对中华民族的发展有着至为深远的影响，而要充分发挥这种思想的价值，就要推动中华优秀传统文化的创造性转化和创新性发展。

"独行快，众行远。"中国不仅提出了人类命运共同体的命题，而且从国与国、区域层面提出了不同的共同体形式。一方面，反映出中国致力于反对霸权主义、强权政治、单边主义、保护主义、孤立主义，引导全球治理体系的有效变革，建构更加公正合理的国际政治经济新秩序的责任意识。另一方面，反映出中国致力于促进世界和平与发展，实现全球共同发展繁荣，贡献了中国智慧、中国方案、中国力量的担当意识。在国际事务中，中国始终支持联合国发挥作用，维护联合国权威和地位，是中国外交的一项基本政策。中国主张大小国家一律平等，同时也认为大国要承担起应有的责任。多边主义的要义是谋求各国协商和合作，首先是大国合作。中国始终是世界和平的建设

① 习近平：《携手建设更加美好的世界——在中国共产党与世界政党高层对话会上的主旨讲话》，《人民日报》2017 年 12 月 2 日第 2 版。

者、全球发展的贡献者、国际秩序的维护者。更为重要的是，中国坚持共赢多赢，反对"零和博弈"，愿同世界分享中国的发展机遇和经验，但绝不会将自己的道路、模式、理论强加于人。中国的发展离不开世界，世界的发展更加需要中国，不仅验证了中国特色社会主义道路的科学性、有效性，而且增强了坚守中国共产党人的初心与使命的主动性、自觉性。

（四）严明纪律规矩，完善党内法规

中国共产党党内法规体系具有独特显著的治理价值。党内法规是建党、管党、治党、强党的规范体系，党内法规体系因党而生、因党而立、因党而兴，成为中国共产党从小到大、由弱到强的重要支撑、有力保障，不仅对提高党的领导能力和推进党的建设进程具有重要价值，而且对维护党的长期执政和国家长治久安具有深远意义。党内法规体系经历了一个从无到有、从少到多，由点到面、由面到体的长期建构过程，从零散式的纪律要求到逐步提出体系化要求，适时提出体系化设计任务和做出制度建构战略安排，日益呈现体系化特征与优势，不断接近体系化目标和应然状态，经过百余年的接续努力和持续创新，终于建构起了比较完善的党内法规体系。中国共产党自成立之初，就高度重视自身的规范问题，在党

的一大通过的第一个纲领和党的二大通过的第一个党章中，都有对党内纪律规矩的规定，党在百余年的发展历程中，逐渐基于自身的建设实践和革命实践、改革实践、治理实践等形成了系统的党内法规体系。

党内法规体系，不仅是中国共产党作为一种新型无产阶级政党的政治组织内部结构要素综合作用、相互影响的结果，还是塑造党的内部形态、外部环境的重要力量；既是研究马克思主义长期执政党的重要内容，也是全面审视中国共产党积累性、历史性、跨越性发展内在逻辑的必然要素。健全党内法规体系，切实将党的规范体系建设转化为管党治党的基本依据、现实准绳，秉承"纪在法前，纪严于法"的要求，这是对党内法规与国家法律约束程度及其相互关系的阐释，也深刻表明党内法规的前置性和严格性，这是确保党始终保持先进性、纯洁性，不断增强党的执政能力和领导水平的重要保障。

1. 发挥政治规范作用，铭记党的政治使命

党内法规体系是党内规范的集成。党的政治建设依托于党的政治规范的完善和发展，党的政治建设在党的建设总体布局中居于首要位置和根本地位，从这个意义上来讲，党内法规体系的政治规范作用具有全局性、根本性和战略性作用和意义，必须完善党的自我革命制度规范体系。党内法规体系的政治规范作用，对于中国共产党这个世界上最大的执政

党具有牵一发而动全身的规范价值。党的政治使命和建党初心的坚守，政治目标和发展战略的实现，政治理念和基本方略的践行，都需要党内法规体系发挥全方位的规范作用。党内法规体系政治规范的首要任务和核心作用就是维护党中央权威和党的集中统一领导。这是由党的政治属性所决定的，旗帜鲜明讲政治，既是马克思主义政党的鲜明特征，也是我们党一以贯之的政治优势。中国共产党在建党之初就把旗帜鲜明讲政治放在了重要位置。党的政治建设旨在通过正确的政治纲领、政治路线、政治立场、政治目标，以及严明的政治纪律，保证全体党员具有高度的政治觉悟，坚持正确政治方向，维护党的团结统一，实现党肩负的政治使命。百余年来，党内法规体系在将自身发展纳入党的领导事业过程中，坚定维护了党中央权威和集中统一领导，全面加强和规范了党内政治生活，确保了政令畅通、令行禁止。尤其是进入新时代，按照"规范主体、规范行为、规范监督"相统筹相协调的原则，对监督的规范体现了规范的全覆盖，建构起了围绕着权力运行的规范体系，实现了监督的再监督，提升了政治规范在政党治理以及国家治理中的地位与作用。

2. 发挥思想引领作用，确保全党思想统一

中国共产党党内法规体系的思想引领作用是通过其教育塑造来实现的。党内法规体系作为规范体系，对于全体党员的行

为、观念以及认知、心态都具有塑造、再塑乃至重塑的作用，这种职能可以通过不同的渠道、形式与机制来发挥。一是，中国共产党通过初心使命制度建设和主题教育，在实现党内集中教育常态化的同时，促使全体党员重新检视自身的思想状态、实践行为和工作作风、精神风貌等。二是，中国共产党通过强化思想政治工作来确保全党思想统一。通过颁布和出台关于思想政治工作的党内法规和规范性文件，充分高效发挥其统一思想、凝聚共识、鼓舞斗志、团结奋斗的重要作用，实现了全党全社会思想上的团结统一更加巩固，并推动我国意识形态领域形势发生了全局性、根本性的转变。三是，党内法规体系对党的思想建设进行了高度定位和政治确认。通过党内法规体系的建设与完善，既发扬了党始终重视思想建党的优良传统，又将长期积累的思想建设的经验进行了规范性表达，成为百年大党叙事体系的重要组成部分和表达内容。

3. 发挥组织凝聚作用，始终维护党内团结

党的组织法规从一般意义上来讲，就是调整党内关系的规范集成。具体来说，就是调整党的各级各类组织产生、组成、职权职责等的党内法规，这种原则、要求、纪律、规律的集成，为党管党治党、执政治国提供了组织制度保障。百余年来，在政党自觉引导下党逐渐建构起了党内法规体系"1+4"的基本框架，换言之，就是在党章之下分为党的组织法规、党的领导

法规、党的自身建设法规、党的监督保障法规四大板块。这种体系化的规范实现了从党员到组织、从基层组织到中央组织等全方位规范。首先，党内法规体系影响全体党员的身份认同。党员身份认同对于一个政党来讲是具有基础性意义和根基性特点的要素。通过对党员的全方位核验特别是"政治体检"，有助于确保全体党员始终保持共产党人的本色，发挥先锋模范作用。其次，党内法规体系影响党内政治生活的开展。党内政治生活的随意化、散漫化会侵蚀党的执政基础，通过党内政治生活的系统规范有助于维护民主集中制的全面落实。再次，党内法规体系影响党的政治生态的塑造。塑造良好政治生态是关系一个政党的前途命运的重大课题，尤其是政党内部团结问题。内部团结对于一个政党来说尤为重要，这在国际共产主义运动史上有着正反两方面的经验。中国共产党通过发挥党内法规体系的政治生态塑造作用，增强了党组织的凝聚力、向心力和感召力。

4. 发挥警示激励作用，强化治党治本之策

治国必先治党，治党务必从严，从严必依法度。加强纪律建设是全面从严治党的治本之策，党内法规体系建设是落实全面从严治党的基本要求，也是确保党始终保持自我革命精神的制度支撑。中国共产党不仅围绕全体党员和各类组织进行了规范制定，而且围绕党的决策、执行和监督环节进行

了规范制定，形成了全域性、全时段、全方位的规范体系。特别是党的监督保障法规，体现了党建构完整的规范体系的法治自觉，将权力运行的各个环节纳入规范之中，这也是新时代回答如何跳出历史周期率问题的创新答案。党的监督保障法规是调整党的监督、激励、惩戒、保障等的党内法规，为保证党组织和党员干部履行好党和人民赋予的职责提供制度保障。纵观世界政党政治发展史，善于革命的政党有之，长期执政的政党有之，规模空前的政党有之，但是在长期执政条件下仍然保持自我革命精神并获得人民群众衷心拥护的政党却少之又少。中国共产党作为马克思主义长期执政党，就是因为善于通过自我规范、自我约束，才保持了强大的自我革命能力，突破了历史惯性、现实惰性的束缚。

5. 发挥精神传承作用，维护良好政党形象

党内法规具有强烈政治属性、鲜明价值导向、科学治理逻辑、统一规范功能，高度凝结了党的理论创新和实践经验，深刻反映了党的发展规律和自我革命逻辑。党内法规体系以文本的形式，以党内规范的形态，以纪律规矩的形式，对党长期发展和自身建设中积累的宝贵经验进行了理论化、体系化，特别是实现了党的革命精神、优良传统、宝贵经验的文本呈现与政治确认；既实现了历史经验和规律认识的当代化运用，又确保了当前实践与初心使命的契合，对于保证党始终不变色、不变

质、不变味具有深远长期意义。坚持依规治党、加强党内法规制度体系建设，与全面依法治国实现了深度衔接，已经深刻融于法治国家、法治政府、法治社会建设之中，并且创造出了法治政党建设的新形态和新路径。将党内法规体系的规范作用融于治国理政全局中是"中国之治"的一个独特治理密码，深度展现了长期执政党建设的重要性；是呈现中国特色社会主义制度优势的一张金色名片，全面彰显了中国制度守正创新的时代意义；也为世界政党治理贡献了中国智慧和中国方案，全景展示了中华优秀传统文化与当代中国政治实践深度融合的可能性与独特性。

（五）坚持刀刃向内，坚决惩治腐败

始终保持党的纯洁性是确保党长期执政的必要条件，也是确保党不变色、不变质、不变味的基本要求。"腐败是党长期执政的最大威胁"[①]，而保持党的长期执政地位是完成党的历史使命的必然要求和必备条件。习近平总书记指出，反腐败是一场输不起也决不能输的重大政治斗争，不得罪成百上千的腐败分子，就要得罪十四亿人民。党的二十大报告指出："腐败

---

①《中共中央关于党的百年奋斗重大成就和历史经验的决议》，《人民日报》2021年11月17日第1版。

是危害党的生命力和战斗力的最大毒瘤，反腐败是最彻底的自我革命。只要存在腐败问题产生的土壤和条件，反腐败斗争就一刻不能停，必须永远吹冲锋号。"①必须把权力关进制度的笼子里，依纪依法设定权力、规范权力、制约权力、监督权力。注重反腐败斗争、加强反腐倡廉建设，是中国共产党作为先进的马克思主义政党的重要特征，也是建设长期执政的马克思主义政党的时代要求。

其一，科学完善权力规范体系。必须把权力关进制度的笼子里，真正让权力在阳光下运行。"坚持制度治党、依规治党，以党章为根本，以民主集中制为核心，完善党内法规制度体系，增强党内法规权威性和执行力，形成坚持真理、修正错误，发现问题、纠正偏差的机制。"②依纪依法设定权力、规范权力、制约权力、监督权力，健全党统一领导、全面覆盖、权威高效的监督体系，完善权力监督制约机制，以党内监督为主导，促进各类监督贯通协调。党坚持不敢腐、不能腐、不想腐一体推进，惩治震慑、制度约束、提高觉悟一体发力，确保党和人民赋予的权力始终用来为人民谋幸福。坚持无禁区、全

---

① 习近平：《高举中国特色社会主义伟大旗帜　为全面建设社会主义现代化国家而团结奋斗——在中国共产党第二十次全国代表大会上的报告》，《人民日报》2022 年 10 月 26 日第 1 版。
② 习近平：《高举中国特色社会主义伟大旗帜　为全面建设社会主义现代化国家而团结奋斗——在中国共产党第二十次全国代表大会上的报告》，《人民日报》2022 年 10 月 26 日第 1 版。

覆盖、零容忍，坚持重遏制、强高压、长震慑，坚持受贿行贿一起查，坚持有案必查、有腐必惩，以猛药去疴、重典治乱的决心，以刮骨疗毒、壮士断腕的勇气，坚定不移"打虎""拍蝇""猎狐"。坚定不移推进政治监督具体化、精准化、常态化，增强对"一把手"和领导班子监督实效。发挥政治巡视利剑作用，加强巡视整改和成果运用。落实全面从严治党政治责任，用好问责利器。

其二，健全全面从严治党制度。党的十九届四中全会提出全面从严治党制度，党的二十大进一步提出全面从严治党体系，都有助于全面推进党的自我净化、自我完善、自我革新、自我提高，使我们党坚守初心使命，始终成为中国特色社会主义事业的坚强领导核心。坚持党的自我革命精神，要不断增强全党的制度自觉，接续完善党内法规制度体系。"全面从严治党制度"是党的十九届四中全会提出的重要政治概念，也是新时代加强党的自身建设的重要任务。为贯彻新时代党的建设总要求，我们要以守正创新意识和历史主动精神深化党的建设制度改革，坚持依规治党，建立健全以党的政治建设为统领，全面推进党的各方面建设的体制机制。坚持健全党管干部、选贤任能制度，落实新时代党的组织路线；规范党内政治生活，形成良好党内政治生态；严明政治纪律和政治规矩，坚持依规治党和以德治党相结合；发展积极健康的党内政治文化；完善和落实全面从严治党责任制度。

其三，不断强化党员党性锤炼。坚持党的自我革命精神，要不断增强全党的行为自觉。坚持刚柔共济，合力推进党员党性锤炼。尤其要坚持科学方法论，不断提高新时代党进行自我革命的科学性和实效性。坚持加强党的集中统一领导和解决党内问题相统一，注重党员政治判断力、政治领悟力、政治执行力的提升；坚持守正和创新相统一，注重根据时代要求创新党性锤炼方式；坚持严管和厚爱相统一，注重通过完善相关方式方法科学凝聚共识；坚持组织推动和个人主动相统一，注重激发党员的主体自觉，切实使党员干部真正做到平常时候看得出来、关键时刻站得出来、危难关头豁得出来。进入新阶段，我们要坚持以自我革命精神不断清除一切损害党的先进性和纯洁性的因素，确保党在任何风浪面前做到不变质、不变色、不变味，确保党在新时代坚持和发展中国特色社会主义的历史进程中始终成为坚强领导核心。

昨天已经过去，事实已经形成，永远不可改变；今天就在眼前，现实正在铺展，珍惜才能幸福；明天即将来临，现实正在伸延，未来等待开创。从历史进程中总结历史经验，把握社会规律，激发历史自觉，增强历史自信，掌握历史主动，是中国共产党作为马克思主义政党的重要特质、优良传统和显著优势。我们要站在新的历史起点上，立足百余年党史的历史成就、历史经验、历史规律，充分吸纳转化党的历史经验，以咬定青山不放松的执着奋力实现既定目标，以行百里者半九十的清醒不懈推进中华民族伟大复兴，以高度的历史自觉和历史自信开启全面建设社会主义现代化强国新征程。

——————"新时代新思想标识性概念"丛书——————

第一辑

《坚定"四个自信"》

《"五位一体"总体布局》

《"四个全面"战略布局》

《新发展理念》

《新常态和供给侧结构性改革》

《总体国家安全观》

《"一带一路"倡议》

《国家治理体系和治理能力现代化》

第二辑

《中国特色社会主义新时代》

《做到"两个维护"》

《脱贫攻坚》

《全面建成小康社会》

《社会主义核心价值观》

《现代化经济体系》

第三辑

《增强"四个意识"》

《坚持党的领导》

《新时代党的自我革命》

《新发展格局》

《百年未有之大变局》

《正确义利观》

《中国特色社会主义乡村振兴道路》

—————— "新时代新思想标识性概念"丛书 ——————

第四辑

《坚定历史自信》

《牢记"三个务必"》

《中国式现代化》

《伟大社会革命》

《全面深化改革》

《铸牢中华民族共同体意识》